FÜR DEN CLEVERSTEN JUNGEN DER WELT

150

spannende, **VERRÜCKTE**
und witzige
QUIZFRAGEN

VORWORT

COOLE JUNGS WISSEN EINFACH MEHR!

Manche Jungs denken immer noch, es wäre cool, zwei Meter senkrecht in die Luft zu spucken und dann mit dem Mund die eigene Spucke wieder aufzufangen. Oder gleichzeitig zu rülpsen und zu pupsen und sich dann umzuschauen, als ob's ein anderer gemacht hätte. Ja, das war vielleicht irgendwann mal cool, aber heutzutage musst du als Junge mehr auf dem Kasten haben. Sei ein Checker, der unglaubliche Dinge weiß! Dann bist du wirklich cool.

WAS DICH HIER ERWARTET

Wir haben den ultimativen Wissenscheck zusammengestellt – für coole Jungs und solche, die es werden wollen.
Natürlich sind wir dabei nach streng unwissenschaftlichen Methoden vorgegangen und haben eine Menge unnützer Fakten aufgenommen. Denn neben dem Wissen sollen stets auch der Spaß und das Staunen im Vordergrund stehen.
Zu jeder Frage, die gestellt wird, gibt es eine ausführliche Antwort auf der Rückseite – mal lustig, mal spannend, mal gruselig. Teste dich selbst und teste deine Freunde oder Brüder!

SO FUNKTIONIERT DER WISSENSCHECK:

Umkreise die Antwort, die du für wahr hältst. Auf der jeweiligen Rückseite kannst du nachsehen, ob du richtig liegst. Für jede richtige Antwort gibt es einen Punkt. Zum Schluss haben wir auf S. 155 für dich noch ein Rätsel, mit dem du dir zehn Sonderpunkte verdienen kannst. Zähle alle Punkte zusammen und errechne deine Gesamtpunktzahl. Deinen entsprechenden Quizhelden-Level kannst auf auf S. 156 erfahren.

ACHTUNG, FERTIG, LOSQUIZZEN!

In diesem Buch findest du einfache und schwierigere Quizfragen zu ganz unterschiedlichen Themen: zu Natur, Sport und Technik, zu merkwürdigen Rekorden, zu berühmten Persönlichkeiten der Geschichte oder Helden aus Comics und Film. Sicher kennst du dich in einigen Bereichen besser aus als in anderen. Manche Fragen kannst du bestimmt beantworten, weil du die Antwort kennst. Andere lassen sich mit ein bisschen Knobeln lösen. Im Zweifel: Keine Bange, rate einfach drauflos!

Wir wünschen dir viel Spaß beim Rätseln!

LOS GEHT'S!

FRAGE 1

BIST DU FIT IN SACHEN WESTERNHELDEN? DANN WEISST DU BESTIMMT, IN WESSEN WILDWEST SHOW DER INDIANERHÄUPTLING SITTING BULL AUFTRAT, ODER?

A Horse Henry
B Daffy Duck
C Buffalo Bill
D Gerry Goat

FRAGE 2

EIN KLEINER AUSFLUG IN DEN DSCHUNGEL: VON WELCHEM TIER STAMMT DAS GIFT, DAS DIE CHOCÓ-INDIANER VERWENDEN, UM IHRE TÖDLICHEN BLASROHRPFEILE HERZUSTELLEN?

A Entsetzliche Pfeilgiftschlange
B Furchtbare Pfeilgiftspinne
C Abscheuliche Pfeilgifthornisse
D Schrecklicher Pfeilgiftfrosch

ANTWORT 1

Richtige Antwort: C

Buffalo Bill hieß eigentlich William Frederick Cody. Er zählt zu den bekanntesten Helden des Wilden Westens. Buffalo Bill lebte von 1846 bis 1917. Berühmt wurde er vor allem als Bisonjäger. Der amerikanische Bison ist ein Wildrind, das manchmal auch Büffel oder auf Englisch "buffalo" genannt wird. Daher kommt Buffalo Bills Spitzname. 1883 gründete Buffalo Bill eine eigene Wildwest-Show, mit der er durch mehrere Länder zog und große Erfolge feierte, und in der sogar der nicht weniger berühmte Indianerhäuptling Sitting Bull auftrat.

ANTWORT 2

Richtige Antwort: D

Der Schreckliche Pfeilgiftfrosch zählt zu den giftigsten Tieren der Welt. Er stammt aus der Familie der Baumsteigerfrösche. Der Schreckliche Pfeilgiftfrosch ist quietschbunt, kann bis zu fünf Zentimeter lang werden und lebt in den Regenwäldern Südamerikas. Die Chocó-Indianer in Kolumbien müssen manchmal nur ihre Pfeile über den Körper des Schrecklichen Pfeilgiftfroschs streichen, um diese zu vergiften. Die vergifteten Pfeile werden dann für die Jagd verwendet. Wird ein Schrecklicher Pfeilgiftfrosch in Gefangenschaft gehalten, verliert er sein Gift.

FRAGE 3

SEHR COOLES GAME! IN WELCHEM COMPUTERSPIEL KANNST DU AUS WÜRFELFÖRMIGEN BLÖCKEN EINE FANTASIEWELT ERBAUEN?

A Pokémon

B Minecraft

C Tetris

D World of Warcraft

FRAGE 4

SAG AN, O JÜNGLING: WELCHE FIGUR AUS STAR WARS IST NUR 66 ZENTIMETER GROSS, ABER EIN MÄCHTIGER JEDI-MEISTER?

A Chewbacca

B Darth Vader

C Han Solo

D Yoda

ANTWORT 3

Richtige Antwort: B

Das Computerspiel Minecraft wurde durch den Schweden Markus Persson entwickelt. Seine Firma Mojang veröffentlichte das Spiel im Jahr 2009. Seit 2014 gehört die Firma zum amerikanischen Unternehmen Microsoft. Microsoft bezahlte damals etwa 1,9 Milliarden Euro für die Minecraft-Entwicklerfirma – ganz schön viel Geld! Aber der Kauf hat sich scheinbar gelohnt, denn Minecraft wurde schon über 150 Millionen Mal verkauft. In diesem Spiel können sich Jung und Alt völlig austoben beim Abbau und der Kombinartion von Blöcken, und ihrer Fantasie freien Lauf lassen.

ANTWORT 4

Richtige Antwort: D

Wer Star Wars kennt, der kennt auch den kleinen Jedi-Meister Yoda mit seinen spitzen Ohren. Aber nicht nur das Äußere von Yoda ist außergewöhnlich, sondern auch seine Art, Sätze zu bilden. Das zeigen ein paar Zitate aus den Star Wars-Filmen: „Wahrlich wunderbar die Seele eines Kindes ist" oder „Ins Exil gehen ich werde müssen, versagt ich habe". In der Filmhandlung stirbt Yoda im zarten Alter von 900 Jahren an Altersschwäche, und zwar auf dem Planeten Dagobah. Oder etwa doch nicht? In Wirklichkeit war Yoda eine Puppe, die vom Puppenspieler Frank Oz gesteuert und gesprochen wurde.

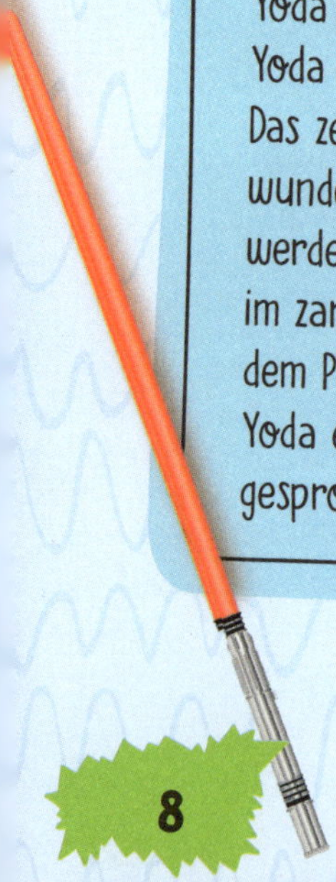

FRAGE 5

AUF DEN ZAHN GEFÜHLT: WANN GAB ES DIE ERSTEN ZAHNFÜLLUNGEN?

A In der Steinzeit

B Im alten Rom

C Im Mittelalter

D 1873

FRAGE 6

AMERIKANISCHER MUSIK-STAR: WELCHEM MUSIKGENRE WIRD EMINEM ZUGERECHNET?

A Jazz

B Rap

C Country

D Heavy Metal

ANTWORT 5

Richtige Antwort: A

Die ersten Zahnfüllungen gab es tatsächlich schon in der Steinzeit. Die älteste bekannte Zahnfüllung ist über 6.000 Jahre alt und wurde aus Bienenwachs gefertigt. Auch andere zahnmedizinische Eingriffe gab es schon in der Steinzeit: Bei einem 14.000 Jahre alten Backenzahn, der 2015 gefunden wurde, stellte man fest, dass ein Loch im Zahn mit einer spitzen Steinklinge behandelt worden war. Den ersten bekannten Zahnarzt der Weltgeschichte gab es allerdings erst im dritten Jahrtausend vor Christus: den Ägypter Hesire.

ANTWORT 6

Richtige Antwort: B

Eminem ist ein berühmter amerikanischer Rapper. Mit richtigem Namen heißt er Marshall Bruce Mathers III. Aus seinen Initialen M und M bastelte er den Künstlernamen Eminem zusammen. Mit einigen seiner Alben schaffte es Eminem in vielen Ländern an die Spitze der Charts, zum Beispiel 2018 mit dem Album „Kamikaze“. Insgesamt hat Eminem schon über 170 Millionen Alben verkauft und zählt damit zu den erfolgreichsten Musikern der Welt.

FRAGE 7

KLICK-HIT: WELCHES LIED WURDE BEI YOUTUBE MEHRERE MILLIARDEN MAL AUFGERUFEN?

A Bruder Jakob

B Jingle Bells

C Alle meine Entchen

D Despacito

FRAGE 8

HM, WAS WIRD EIGENTLICH MIT DER SCOVILLE-SKALA BESTIMMT?

A Die Erdbebenstärke

B Die Schärfe von Chili-Sorten

C Der Lärmpegel in Schulen

D Die Gefahr von Asteroideneinschlägen

LALA

ANTWORT 7

Richtige Antwort: D
Das Lied, das bei YouTube bisher am meisten aufgerufen wurde, ist der 2017 erschienene Song „Despacito" von Luis Fonsi. Vielleicht kennst du das Lied? Es geht so: „Despacito, dädädä-dädädä dädädä...". Bis 2019 wurde „Despacito" weltweit schon über sechs Milliarden mal geklickt. Zum Vergleich: Ed Sheerans bekannter Song „Shape of You" stand zu diesem Zeitpunkt an zweiter Stelle der meistgeklickten Videos mit „nur" viereinhalb Milliarden Aufrufen.

ANTWORT 8

Richtige Antwort: B
Mit der Scoville-Skala wird der Schärfegrad von Chili-Sorten bestimmt. Sie wurde nach dem amerikanischen Wissenschaftler Wilbur Scoville benannt, der von 1865 bis 1942 lebte.
Er entwickelte im Jahr 1912 den Scoville Organoleptic Test. Je höher der Scoville-Grad, desto schärfer! Während es eine normale Paprika auf einen Scoville-Grad von höchstens 10 bringt, sind es bei einer Peperoni schon mehrere Hundert Scoville, beim Jalapeño-Chili sind es mehrere Tausend und bei speziellen Chili-Sorten wie zum Beispiel „Dragon's Breath" sogar mehrere Millionen.

FRAGE 9

WELCHES GEISTERSCHIFF GEISTERT DER SAGE NACH BIS IN ALLE EWIGKEIT ÜBER DIE WELTMEERE?

A Fahrender Friese

B Schwebender Kanadier

C Fliegender Holländer

D laufender Spanier

FRAGE 10

WELCHE TIERISCH SELTSAME SPORTART GIBT ES WIRKLICH?

A Krokodilgolf

B Delfintennis

C Elefantenpolo

D Mäusefußball

ANTWORT 9

Richtige Antwort: C

Der Kapitän des Fliegenden Holländers wurde dazu verflucht, bis in alle Ewigkeit – genauer gesagt: bis zum Tag des Jüngsten Gerichts – auf den Weltmeeren umherzuirren. Aber er hat auch die Chance auf Erlösung: Alle paar Jahre darf der Kapitän an Land gehen. Findet er dort eine Frau, die ihn aufrichtig liebt, wird er von seinem Fluch erlöst. Das alles ist natürlich das reinste Seemannsgarn. Oder? Wer weiß!

ANTWORT 10

Richtige Antwort: C

Das Elefantenpolo ist eine dem Polo ähnliche Sportart. Allerdings wird beim Elefantenpolo nicht wie beim herkömmlichen Polo auf einem Pferd, sondern auf einem Elefanten geritten. Jedes Jahr wird eine Elefantenpolo-Weltmeisterschaft in Nepal ausgetragen. Ziel des Spiels ist es, einen Polo-Ball vom Elefanten aus in das Tor der gegnerischen Mannschaft zu schießen. Ein Spiel besteht aus zwei 10-minütigen Spielhälften, die „chukka" genannt werden.

FRAGE 11

UNGEHEUERLICH! IN WELCHEM SCHOTTISCHEN GEWÄSSER SOLL EIN SEEUNGEHEUER SEIN UNWESEN TREIBEN?

A Loch Nass

B Loch Boss

C Loch Ness

D Loch Kuss

FRAGE 12

WIE LAAAAAAAAAAAANGE DAUERT DAS LÄNGSTE LIED DER WELT?

A 3 Wochen

B 6 Monate

C 10 Jahre

D 1.000 Jahre

ANTWORT 11

Richtige Antwort: C

„Loch" ist das schottische Wort für einen See. Und ein solcher ist auch der Loch Ness. Der Loch Ness ist bis zu 230 m tief. Seit Jahrhunderten wird erzählt, dass im Loch Ness ein Seeungeheuer leben soll. Es wird liebevoll Nessie genannt. Der erste Bericht von dem angeblichen Seeungeheuer stammt aus dem Jahr 565. Doch auch im 20. Jahrhundert und sogar noch in unserem 21. Jahrhundert wurde Nessie gesichtet. Ob es Nessie wirklich gibt? Wer weiß, wer weiß...

ANTWORT 12

Richtige Antwort: D

Das längste Lied heißt Longplayer („Langspieler") und wurde von einem britischen Künstler namens Jem Finer geschaffen. Es dauert 1.000 Jahre. Begonnen hat das Lied am 1. Januar 2000. Enden soll es im Jahr 2999. Das Lied basiert auf tibetischen Glockentönen. Gespielt wird es von einem Computerprogramm. Das Programm sorgt dafür, dass sich in den 1.000 Jahren die Tonfolgen nicht wiederholen.

FRAGE 13

DAS IST JETZT ABER WIRKLICH STRENG GEHEIM, BITTE NICHT WEITERSAGEN! ZU WELCHEM GEHEIMDIENST GEHÖRT JAMES BOND?

A MI6
B BND
C CIA
D KGB

FRAGE 14

PSSST, NUN KOMMT EINE ETWAS SCHWEINISCHE FRAGE: WIE NENNT MAN DEN RUHEPLATZ EINES WILDSCHWEINS?

A Kessel
B Teller
C Topf
D Pfanne

ANTWORT 13

Richtige Antwort: A

Der Geheimagent James Bond arbeitet für die Military Intelligence, Section 6. Oder kurz: MI6. Das ist der britische Auslandsgeheimdienst, den es schon seit dem Jahr 1909 gibt. James Bond – auch bekannt als Agent 007 – hatte seinen ersten Auftritt aber erst im Jahr 1953, und zwar im Roman „Casino Royale" von Ian Fleming. Seither wurden eine Menge spannender James-Bond-Filme gedreht. Der erste James-Bond-Film erschien 1962 unter dem Titel „James Bond – 007 jagt Dr. No".

ANTWORT 14

Richtige Antwort: A

Die Wildschweine ruhen sich in Kesseln aus, die sie jeden Tag neu anlegen. Und für die Geburt ihrer Jungen legen Wildschweine besondere Kessel an: die Wurfkessel. Hier noch ein paar schweinische Wörter: Ein männliches Wildschwein nennt man Keiler, ein weibliches Wildschwein ist die Bache. Ein Wildschweinjunges heißt bis zum ersten Lebensjahr Frischling und vom ersten bis zum zweiten Lebensjahr Überläufer.
Eine Gruppe von Wildschweinen bezeichnen Jäger als Rotte.

FRAGE 15

RAUMFAHRER-REKORD: WER WAR DER ERSTE GOLFSPIELER AUF DEM MOND?

A Jack Nicklaus

B Tiger Woods

C Rory McIlroy

D Alan Shepard

FRAGE 16

WOFÜR STREIKEN SCHÜLER AUF DER GANZEN WELT IN DER BEWEGUNG „FRIDAYS FOR FUTURE“?

A Vegetarisches Schulessen

B Klimaschutz

C Drei-Tage-Schulwoche

D Abschaffung der Schule

ANTWORT 15

Richtige Antwort: D

Der erste Golfspieler auf dem Mond war der amerikanische Astronaut Alan Shepard. Er lebte von 1923 bis 1998. 1971 flog er im Alter von 47 Jahren zum Mond. Auf seinen Mondflug nahm er einen Golfschläger und zwei Golfbälle mit. Damit spielte er auf dem Mond Golf. Alan Shepard war aber nicht nur der erste Golfspieler auf dem Mond, sondern auch der älteste Mensch auf dem Mond, der erste Großvater auf dem Mond und der erste Amerikaner im Weltall. Die ersten Menschen auf dem Mond waren 1969 der Amerikaner Neil Armstrong und Buzz Aldrin. Die Mutter von Buzz Aldrin trug den Mädchennamen Moon – das ist Englisch für Mond.

ANTWORT 16

Richtige Antwort: B

Die Bewegung „Fridays for Future" ("Freitage für die Zukunft") widmet sich dem Klimaschutz. „Fridays for Future" heißt so, weil viele Schüler an Freitagen streiken: statt zur Schule zu gehen, demonstrieren sie für einen besseren Klimaschutz. Erfunden hat diese Bewegung ein schwedisches Mädchen namens Greta Tintin Eleonora Ernman Thunberg, das 2003 in Stockholm geboren wurde. Sie wurde dafür unter anderem in die Liste der 100 einflussreichsten Persönlichkeiten der Welt aufgenommen.

FRAGE 17

WELCHE FRISUR WURDE NACH EINEM INDIANERSTAMM BENANNT?

A Hopi-Dutt

B Apachenpony

C Irokesenschnitt

D Cheyenne-Vokuhila

FRAGE 18

DER MOUNT EVEREST IST DER HÖCHSTE BERG? VON WEGEN! WELCHER IST, GEMESSEN VOM MEERESBODEN, DER HÖCHSTE BERG DER WELT?

A Mauna Kea
B Mont Blanc
C Aconcagua
D Denali

ANTWORT 17

Richtige Antwort: C

Der Irokesenschnitt ist eine beliebte Frisur, die nach den Irokesen – einem amerikanischen Indianervolk – benannt wurde. Aber nicht nur Irokesen trugen diese Frisur, sondern auch einige andere Indianerstämme. Beim Irokesenschnitt werden die Haare seitlich am Kopf abrasiert. Die Haare oben am Kopf werden nach oben geklebt, zum Beispiel mit Haargel. Der Irokesenschnitt ist unter anderem bei Punkern sehr beliebt.

ANTWORT 18

Richtige Antwort: A

Gemessen vom Meeresspiegel ist der Mount Everest mit einer Höhe von 8.848 m der höchste Berg der Erde. Bei dieser Messung bringt es der Vulkan Mauna Kea, der höchste Berg Hawaiis, lediglich auf eine Höhe von 4.205 m. Aber: Ein großer Teil des Mauna Kea liegt unter dem Meeresspiegel. Wird der Berg vom Meeresboden aus gemessen, ist er 10.203 m hoch, also deutlich höher als der Mount Everest und der höchste Berg der Erde. Mit diesem Wissen kannst du deinen Erdkundelehrer schwer beeindrucken!

FRAGE 19

JETZT WIRD'S ABGEFAHREN: WELCHES IST DIE ABKÜRZUNG FÜR EIN BELIEBTES AUTO-RENNSPIEL?

A LOL

B WWF

C RAM

D GTA

FRAGE 20

ETWAS FÜR DIE GESICHTSBÜCHER: WER HAT FACEBOOK GEGRÜNDET?

A Jeff Salzberg

B Mark Zuckerberg

C Paul Mehlberg

D Fred Pfefferberg

ANTWORT 19

Richtige Antwort: D

Hast du bei dieser Frage die Kurve gekriegt? Die Abkürzung GTA steht für Grand Theft Auto – das bedeutet auf Deutsch „Schwerer Autodiebstahl". Dieses Auto-Rennspiel kam zum ersten Mal im Jahr 1997 auf den Markt und wurde seither etwa 150 Millionen Mal verkauft. Wie der Name schon sagt, geht es in dem Spiel um Autodiebstahl. Als Spieler kann man sich dabei aussuchen, welche Aufträge man von den Gangster-Bossen annimmt. Kurz: Das Spiel ist wie ein spannender Krimi zum Mitmachen, ganz bestimmt nichts für schwache Nerven und darf erst ab 18 Jahren gespielt werden.

ANTWORT 20

Richtige Antwort: B

Facebook wurde 2004 von Mark Zuckerberg gegründet, der 1984 in den Vereinigten Staaten von Amerika geboren wurde und heute zu den reichsten Menschen der Welt zählt. Facebook – das heißt wörtlich übersetzt „Gesichtsbuch" – ist eine Seite im Internet, auf der man sich mit Freunden verbinden kann. Da werden dann munter Fotos und schlaue Sprüche ausgetauscht. Der Name stammt von den Jahrbüchern an amerikanischen Colleges, die ebenfalls Facebook genannt werden. Heute wird Facebook von rund zwei Milliarden Menschen regelmäßig genutzt – etwa einem Viertel der Weltbevölkerung.

FRAGE 21

ANZIEHENDER NAME! WOBEI HANDELT ES SICH UM EINEN WIRBELSTURM?

A Regenjacke
B Hagelslip
C Windhose
D Schneeanzug

FRAGE 22

WAS WURDE FRÜHER IN DER SÜDSEE ALS GELD VERWENDET?

A Schlangenaugen
B Haifischflossen
C Hundezähne
D Libellenflügel

ANTWORT 21

Richtige Antwort: C

Die Windhose ist ein Wirbelsturm. Ein bekannteres Wort dafür ist Tornado. Bei dieser Art Sturm wirbelt die Luft um eine senkrechte Achse und bewegt sich so über das Land oder über das Wasser. Die Stärke von Tornados wird mit der Fujita-Skala angegeben, die im Jahr 1971 vom Sturmforscher Tetsuya Theodore Fujita entwickelt wurde. Diese Skala reicht von F0 bis F12, aber die höchste Tornado-Stufe, die bisher auf der Erde erreicht wurde, war F5.

ANTWORT 22

Richtige Antwort: C

Als Geld kann man praktisch alles verwenden – man muss sich nur darauf einigen. Heutzutage dienen bedruckte Papierscheine als Geld. Früher verwendete man unter anderem Hundezähne. Einzelne Hundezähne dienten als Kleingeld. Für größere Beträge wurden die Hundezähne auf Schnüre aufgezogen. Im Jahr 1929 konnte man in der Südsee für einen einzigen Hundezahn zehn Kokosnüsse bekommen. Für ein Schwein musste man hingegen eine Kette mit 100 Hundezähnen bezahlen. Auch Zähne von anderen Tieren wurden mancherorts als Geld verwendet, etwa Fledermauszähne, Delfinzähne oder Wapitihirschzähne.

FRAGE 23

NUN, EDLER SIR, BEANTWORTE DIE FOLGENDE FRAGE: WER GEHÖRTE ZU DEN RITTERN DER TAFELRUNDE VON KÖNIG ARTUS?

A Robin Hood
B Lancelot
C Herkules
D Wilhelm Tell

FRAGE 24

TIERISCH LECKER! WO GENIESST MAN EINEN KÄSE MIT LEBENDEN MADEN ALS SPEZIALITÄT?

A Sardinien
B Mallorca
C Kreta
D Korsika

ANTWORT 23

Richtige Antwort: B

Der gesuchte sagenhafte Ritter der Tafelrunde heißt Lancelot. Er war der Sohn des Königs Ban von Benwick. Dieser musste allerdings aus seinem Land fliehen und ließ seinen Jungen an einem See zurück. Dort wurde Lancelot von der Fee Viviane geraubt und wuchs anschließend in deren Wasserreich auf. Hier wurde auch das berühmte Schwert Excalibur aus der Artussage geschmiedet. Der erwachsene Sir Lancelot war in Guinevere, die Gemahlin des König Artus verliebt. Hach, alles ganz schön kompliziert!

ANTWORT 24

Richtige Antwort: A

Der Casu Marzu ist eine Spezialität auf der Mittelmeerinsel Sardinien. Der Name bedeutet so viel wie „verdorbener Käse". Der Casu Marzu wird aus Schafmilch hergestellt. Bei der Herstellung legen Käsefliegen ihre Eier auf dem Käse ab. Die Maden dieser Käsefliegen dringen in den Käse ein und machen ihn schön cremig und sorgen für seinen kräftigen Geschmack. Die lebenden Maden werden mitgegessen. Das kann einem das Essen ganz schön madig machen!

FRAGE 25

AB INS VERGNÜGEN: WIE HEISST DIE HÖCHSTE ACHTERBAHN DER WELT?

A Bringma Wa

B Singla La

C Dingda Ba

D Kingda Ka

FRAGE 26

WELCHE VIDEOS SCHAUT MAN SICH AM BESTEN MIT EINER VR-BRILLE AN?

A 360-Grad-Videos

B Zeichentrick-Videos

C 4k-Videos

D Musikvideos

ANTWORT 25

Richtige Antwort: D

Die höchste Achterbahn der Welt heißt Kingda Ka. Sie ist 139 m hoch und 950 m lang. Besuchen kannst du sie im Vergnügungspark Six Flags in den Vereinigten Staaten von Amerika. Mit einer Höchstgeschwindigkeit von 206 km/h ist Kingda Ka aber nicht die schnellste Achterbahn der Welt. Diesen Rekord hält die Achterbahn Formula Rossa in Abu Dhabi. Auf der Formula Rossa kann eine Geschwindigkeit von bis zu 240 km/h erreicht werden – sie ist nur 52 m hoch, aber 2.070 m lang.

ANTWORT 26

Richtige Antwort: A

Die Abkürzung VR steht für „virtuelle Realität". Damit ist gemeint, dass ein Computer dir etwas vorgaukelt, das sich wie die Wirklichkeit (die Realität) anfühlt. Betrachtest du ein 360-Grad-Video in einer VR-Brille, so kannst du dich in dem Video umsehen – so als ob du selbst ein Teil des Videos wärst. Es gibt sogar Zubehör, das du in deine Hände nehmen und damit im Video Dinge greifen kannst. Lass dich überraschen, was da in den nächsten Jahren noch alles entwickelt wird!

FRAGE 27

WELCHES DIESER WÖRTER BEZEICHNET EIN RIESENHAFTES MONSTER?

A Sambesi

B Ebro

C Oger

D Kongo

FRAGE 28

HAI, WIE GEHT'S? SAG DOCH MAL: WELCHEN DIESER HAIE GIBT ES TATSÄCHLICH?

A Pumahai

B Löwenhai

C Tigerhai

D Luchshai

ANTWORT 27

Richtige Antwort: C

Der wohl berühmteste Oger ist das grüne Monster Shrek, das du sicher aus den gleichnamigen Filmen kennst. Shrek ist aber recht sympathisch, nicht wahr? Es gibt aber auch böse Oger. Ein solcher kommt zum Beispiel im Märchen „Der kleine Däumling" vor. Der hätte den kleinen Däumling und seine Brüder gerne aufgefressen. Der kleine Däumling war aber schlau und nahm dem Oger seine Siebenmeilenstiefel weg und ließ sich von seiner Frau dessen Reichtümer aushändigen. Übrigens: Sambesi, Ebro und Kongo sind die Namen von Flüssen.

ANTWORT 28

Richtige Antwort: C

Ja, den Tigerhai gibt es tatsächlich. Seinen Namen hat er von der Musterung der Haijungen, die bei den erwachsenen Tieren allerdings gar nicht mehr oder nur noch undeutlich zu erkennen ist. Tigerhaie werden ganz schön groß, nämlich über fünf Meter. Sie ernähren sich unter anderem von Fischen, Schildkröten und Wasservögeln. Ein Tigerhai kann aufgrund seiner Größe aber auch dem Menschen gefährlich werden.

FRAGE 29

LAUFEN, LAUFEN, LAUFEN! ÜBER WIE VIELE KILOMETER VERLÄUFT EIN SPARTATHLON?

A 10 km

B 42,195 km

C 111 km

D 246 km

FRAGE 30

WELCHER OZEAN-DAMPFER SANK IM JAHR 1912 AUF SEINER JUNGFERNFAHRT?

A Mayflower

B Titanic

C Bismarck

D Aurora

ANTWORT 29

Richtige Antwort: D

Der Spartathlon ist ein sogenannter Ultramarathon, der seit 1983 jedes Jahr in Griechenland ausgetragen wird. Während ein normaler Marathon über eine Strecke von 42,195 km verläuft, sind es beim Spartathlon 246 km. Die schnellsten Läufer benötigen dafür weniger als 30 Stunden. Der Spartathlon geht auf eine Überlieferung zurück, wonach ein Bote der Athener bei den Spartanern im Kampf gegen die Perser um Hilfe bitten sollte. Der Bote lief am Morgen des einen Tages los und kam ab Abend des nächsten Tages an.

ANTWORT 30

Richtige Antwort: B

Die Titanic war damals das größte Passagierschiff der Welt. Es startete seine Jungfernfahrt – also seine erste Fahrt überhaupt – am 10. April 1912 in der englischen Stadt Southampton. Das Ziel der Fahrt über den Atlantischen Ozean war New York City. Doch dort kam die Titanic nie an. Das Schiff stieß am 14. April 1912 gegen 23:40 Uhr mit einem Eisberg zusammen und ging weniger als drei Stunden später unter. Von den 2.224 Menschen an Bord konnten nur 710 gerettet werden. Kinder hatten aber eine höhere Überlebenschance als die Erwachsenen, weil sie bevorzugt gerettet wurden.

FRAGE 31

„WINNETOUS MUND SPRICHT LEISE, ABER LAUT SPRICHT SEIN HERZ!" WELCHEM INDIANERSTAMM GEHÖRT HÄUPTLING WINNETOU AN?

A Apachen
B Sioux
C Mohikaner
D Komantschen

FRAGE 32

VERBOTEN? NICHTS WIE HIN! INNERHALB WELCHER STADT KANN MAN EINE „VERBOTENE STADT" BESUCHEN?

A Peking
B Dubai
C Bangkok
D Istanbul

ANTWORT 31

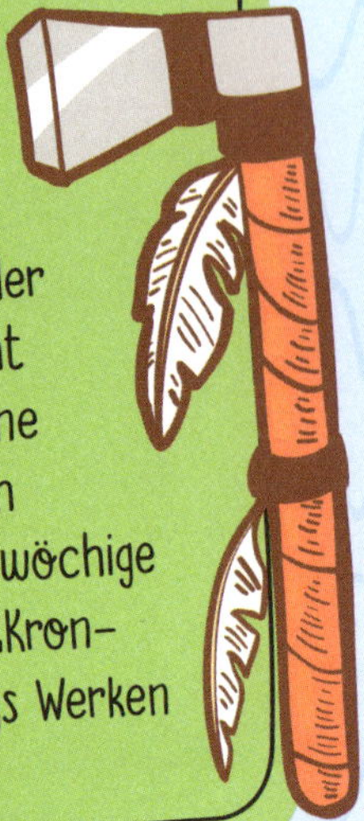

Richtige Antwort: A

Winnetou ist eine Figur, die sich der deutsche Schriftsteller Karl May ausgedacht hat, der von 1842 bis 1912 lebte. Winnetou ist Häuptling der Mescalero-Apachen und steht – zusammen mit seinem Blutsbruder Old Shatterhand, mit dem er allerlei Abenteuer besteht – stets auf der Seite des Guten. Als sich Karl May seine Winnetou-Romane ausdachte, kannte er Amerika noch gar nicht. Er unternahm erst im Jahr 1908 eine sechswöchige Amerikareise, und zwar an Bord des Schnelldampfers „Kronprinzessin Cecilie". Die weltweite Auflage von Karl Mays Werken wird auf 200 Millionen Exemplare geschätzt.

ANTWORT 32

Richtige Antwort: A

Die „Verbotene Stadt" gibt es in der chinesischen Hauptstadt Peking. Sie ist eine alte Palastanlage, in der früher die Kaiser von China lebten. Für die einfache Bevölkerung war das Betreten damals streng verboten – daher der Name. Heute gehört die Verbotene Stadt zum Weltkulturerbe und sie darf auch betreten werden. Denn China hat schon seit dem Jahr 1911 keinen Kaiser mehr. Seitdem ist dieses Land mit etwa 1,4 Milliarden Einwohnern eine „Volksrepublik".

FRAGE 33

DER HAT GANZ SCHÖN ZU SCHLUCKEN! WER TRITT MANCHMAL IN EINEM ZIRKUS AUF?

A Feuerschlucker
B Klowasserschlucker
C Armer Schlucker
D Müllschlucker

FRAGE 34

SPRICH ES AUS MIT LAUTEM TON: WIE VIELE ECKEN HAT EIN PENTAGON?

A drei
B fünf
C sieben
D acht

ANTWORT 33

Richtige Antwort: A

Auf gar keinen Fall nachmachen, das ist brandgefährlich! Ein Feuerschlucker nimmt nämlich brennende Fackeln in seinen Mund. Das geht so: Er führt die Fackel zum Mund und haucht dabei Luft aus. Sobald die Fackel im Mund ist, schließt der Feuerschlucker schnell seine Lippen und erstickt dadurch das Feuer. Verwechsle das Feuerschlucken nicht mit dem Feuerspucken! Ein Feuerspucker spuckt Brandmittel in eine Flamme, damit diese sogar noch größer wird.

ANTWORT 34

Richtige Antwort: B

Pentagon ist das griechische Wort für Fünfeck – ein Pentagon hat also fünf Ecken. Ein besonderes Pentagon ist ein riesiges fünfeckiges Gebäude in der Nähe von Washington, D. C., der Hauptstadt der Vereinigten Staaten von Amerika. In diesem Gebäude hat das Verteidigungsministerium der USA seinen Hauptsitz. Das schon 1943 fertiggestellte Pentagon zählt mit einer Nutzfläche von 610.000 Quadratmetern zu den zehn größten Gebäuden der Welt. Auf seinen Fluren kannst du über 28 Kilometer entlangschlendern.

FRAGE 35

IN WELCHER STADT GAB ES 1868 DIE ERSTE VERKEHRSAMPEL?

A London
B Springfield
C Entenhausen
D Gotham City

FRAGE 36

SCHLAUER SCHIMMEL! WIE HEISST DAS PFERD DER COMIC-FIGUR LUCKY LUKE?

A Black Beauty
B Jolly Jumper
C Kleiner Onkel
D Mister Ed

ANTWORT 35

Richtige Antwort: A

Die erste Verkehrsampel wurde am 10. Dezember 1868 in der britischen Hauptstadt London aufgestellt. Allerdings lief die Ampel mit Gas und explodierte nach kurzer Zeit. Deshalb wurden erst wieder Verkehrsampeln aufgestellt, als diese mit Elektrizität betrieben werden konnten. Die erste elektrische Verkehrsampel gab es 1914 in der amerikanischen Stadt Cleveland. Auch damals wurden schon die Farben Rot und Grün verwendet, um den Verkehr zu regeln.

ANTWORT 36

Richtige Antwort: B

Das Pferd von Lucky Luke heißt Jolly Jumper, auf Deutsch bedeutet das „lustiges Springpferd". Es ist ein Schimmel, also ein weißes Pferd. Jolly Jumper spielt Schach, geht allein zum Einkaufen und holt die Wäsche aus dem Waschsalon. In seiner Freizeit geht das Pferd gerne zum Angeln. Jolly Jumper kann sich außerdem selbst satteln und schneller laufen als sein Schatten. Lucky Luke und Jolly Jumper wurden schon im Jahr 1946 vom belgischen Zeichner Morris erfunden. Die Figur des tollpatschigen Hundes Rantanplan kam erst im Jahr 1960 dazu.

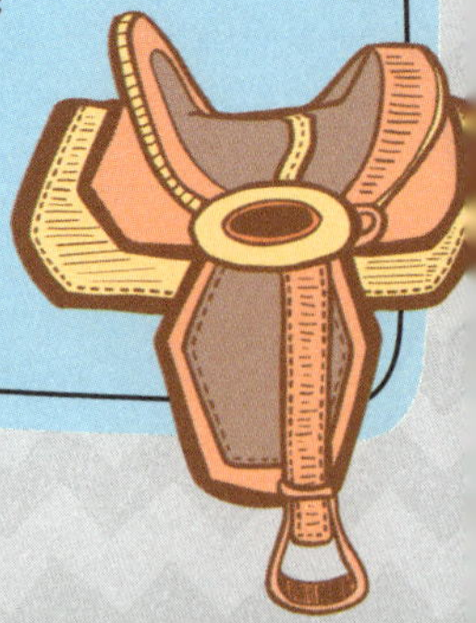

FRAGE 37

AUCH SEEFAHRER ORIENTIEREN SICH AN IHM: WELCHEN STERN SIEHST DU AM NACHTHIMMEL?

A Sheriff-Stern

B Western

C Seestern

D Polarstern

FRAGE 38

EINSTEIGEN, BITTE! MIT WELCHEM ZUG FÄHRT HARRY POTTER INS ZAUBERER-INTERNAT?

A Hufflepuff Express

B Ravenclaw Express

C Hogwarts Express

D Gryffindor Express

ANTWORT 37

Richtige Antwort: D

Der Polarstern ist ein Stern im Sternbild „Kleiner Bär", das auch „Kleiner Wagen" genannt wird. Da er im Norden steht und besonders hell leuchtet, eignet er sich besonders gut für die Orientierung, wenn mal keine anderen Hilfsmittel zur Verfügung stehen. Allerdings gilt das nur für die Nordhalbkugel der Erde, denn auf der Südhalbkugel ist er nie sichtbar. Da sich die Erde in einer Kreiselbewegung bewegt, verschieben sich die Sternbilder im Lauf der Jahrhunderte. Deshalb wird es in etwa 2000 Jahren einen anderen Polarstern geben.

ANTWORT 38

Richtige Antwort: C

Um von London zu seiner Zaubererschule zu gelangen, verwendet Harry Potter den Hogwarts Express. Hogwarts ist der Name des Internats, in dem Harry Potter viele Abenteuer erlebt und in dem er sich mit seinen Mitschülern Ron Weasly und Hermine Granger anfreundet. Das Zauberer-Internat hat vier Häuser: Gryffindor, Hufflepuff, Ravenclaw und Slytherin. Liest du die Harry-Potter-Romane laut, so musst du manchmal aufpassen, dass sich deine Zunge nicht verknotet!

FRAGE 39

ACHTUNG, MENSCHENFRESSER! UNTER WELCHEM NAMEN IST DIE KANNIBALEN-KRANKHEIT KURU NOCH BEKANNT?

A Zahnkrankheit
B Knochenkrankheit
C Blutkrankheit
D Lachkrankheit

FRAGE 40

GRÖSSER ALS EIN DINOSAURIER! WELCHES IST DAS GRÖSSTE LEBENDE TIER DER WELT?

A Blauwal
B Gelbwal
C Rotwal
D Grünwal

ANTWORT 39

Richtige Antwort: D

Die Krankheit Kuru, die vor allem unter den Kannibalen in Papua-Neuguinea grassierte, wird auch Lachkrankheit genannt. Sie wurde durch das Verspeisen infizierter Stammesgenossen ausgelöst. Die Krankheit heißt deshalb auch Lachkrankheit, weil die Erkrankten irgendwann anfingen, sich linkisch zu bewegen und unkontrolliert zu lachen.

ANTWORT 40

Richtige Antwort: A

Das größte lebende Tier der Welt ist der Blauwal, der in den Ozeanen der Welt lebt. Er kann um die 30 m lang werden. Allein sein Herz wiegt bis zu einer Tonne – so viel wie ein Kleinwagen. Durch den Körper des Blauwals fließen rund 7.000 Liter Blut – über tausendmal mehr als bei einem erwachsenen Menschen. Der Blauwal ernährt sich von Plankton, das er aus dem Meerwasser filtert. Blauwale können sehr alt werden, und zwar mindestens 100 Jahre. Manche Wissenschaftler gehen davon aus, dass Blauwale sogar über 200 Jahre alt werden können.

FRAGE 41

WIE NENNT MAN ES, WENN MAN SICH AUF SEINEM FAHRRAD NUR AUF DEM HINTERRAD BEWEGT?

A Donnie **B** Wheelie

C Hoodie **D** Tammie

FRAGE 42

MIT VIER JAHREN KÖNIG: WER REGIERTE 72 JAHRE LANG IN FRANKREICH?

A der Sonnenkönig **B** der Planetenkönig

C der Sternenkönig **D** der Mondkönig

ANTWORT 41

Richtige Antwort: B

Das Fahren auf dem Hinterrad wird Wheelie genannt. Das Wort kommt vom englischen wheel für „Rad". Um einen Wheelie zu machen, lehnst du dich auf dem Fahrrad erst mal weit nach vorne. Dann trittst du plötzlich fest in die Pedale und lehnst dich dazu nach hinten. Einen kurzen Wheelie kriegst du schnell hin. Mehr Übung erfordert es, dann auf dem Hinterrad einfach weiterzufahren. Vorsicht, Unfallgefahr! Übe das nur, wenn deine Eltern dabei sind, und nicht gerade auf einem Betonuntergrund!

ANTWORT 42

Richtige Antwort: A

Der kleine Ludwig war gerade mal vier Jahre alt, als er am 14. Mai 1643 König von Frankreich wurde. Genauer gesagt: Er wurde König von Frankreich und Navarra und Kofürst von Andorra. Da er der vierzehnte Ludwig auf dem französischen Thron war, erhielt er die römische Nummer 14 – das wird so geschrieben: Ludwig XIV. Außerdem wurde Ludwig „Sonnenkönig" genannt. Ludwig XIV. („Ludwig der Vierzehnte") ließ das berühmte Schloss Versailles erbauen, in dem er am 1. September 1715 starb – nach 72 Jahren als König von Frankreich.

FRAGE 43

KLAR ZUM ENTERN! UNTER WELCHEM NAMEN WAR DER ENGLISCHE PIRAT EDWARD THATCH BESSER BEKANNT?

A Lin Feng
B Edward England
C Edward Low
D Blackbeard

AHOI!

FRAGE 44

WELCHE IST DIE WELTWEIT AM MEISTEN GESPROCHENE MUTTERSPRACHE?

A Satsuma
B Clementine
C Orange
D Mandarin

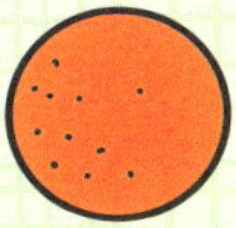

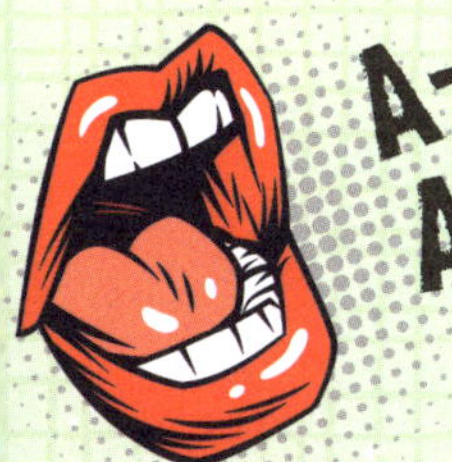

A-A-A!!
A-A-A!!

ANTWORT 43

Richtige Antwort: D

Blackbeard – das ist englisch für „Schwarzbart" – war ein berühmter Pirat, der etwa 1680 geboren wurde. Wie sein Spitzname schon vermuten lässt, hatte er einen langen pechschwarzen Bart. Am 22. November 1718 wurde er von Piratenjägern getötet.

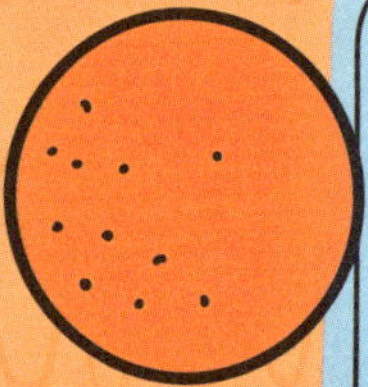

ANTWORT 44

Richtige Antwort: D

Mandarin wird von rund 900 Millionen der insgesamt 1,4 Milliarden Chinesen gesprochen. Es ist damit die häufigste Muttersprache der Welt. Eigentlich wurden die hohen Staatsbeamten im früheren chinesischen Kaiserreich als Mandarin bezeichnet. Doch das Wort wurde dann auch für die Sprache verwendet. Eigentlich heißt die Sprache aber Guānhuà, was bedeutet: „Sprache der Staatsdiener". Mandarin wird in mehreren Dialekten gesprochen, zum Beispiel im Ji-Lu-Dialekt, im Jiao-Liao-Dialekt oder im Jiang-Huai-Dialekt.

FRAGE 45

WIE HEISST EIN BEKANNTES POKÉMON?

A Pikachu

B Godzilla

C Son-Goku

D Sailor Moon

FRAGE 46

BILDER SENDEN, DIE SICH DANN SELBST ZERSTÖREN – BEI WELCHEM DIENST IM INTERNET IST DAS MÖGLICH?

A Twitter

B Snapchat

C Facebook

D Threema

ANTWORT 45

Richtige Antwort: A

Pikachu ist ein Pokémon des Typs Elektro. Stößt dieser Pokémon auf etwas Neues, jagt er erst mal einen Elektroschock hindurch. Pikachu hat eine Größe von 40 cm und ein Körpergewicht von 6 kg. Seine Farbe ist Gelb. Die Pokémon traten erstmals im Jahr 1996 in Computerspielen auf und Pikachu war von Anfang an dabei. Ein ganz besonderes Spiel ist Pokémon Go, das es seit 2016 für Smartphones gibt.

ANTWORT 46

Richtige Antwort: B

Mit Snapchat lassen sich Bilder und auch Videos an Freunde senden. Diese können die Bilder und Videos dann aber nicht bei sich speichern, sondern sie zerstören sich nach dem Anschauen selbst. Das ist auf der ganzen Welt beliebt: Jeden Tag werden mit Snapchat viele Hundert Millionen Nachrichten ausgetauscht und mehrere Milliarden Bilder und Videos pro Tag angesehen. Das englische Wort snap bedeutet übrigens „schnappen".

FRAGE 47

SCHIFF AHOI! WIE NENNT MAN DAS SEHROHR EINES U-BOOTS NOCH?

A Periskop

B Teleskop

C Endoskop

D Mikroskop

FRAGE 48

WITZIGER ALIEN: WELCHER AUSSER-IRDISCHE HAT EIN FELL UND FRISST GERNE KATZEN?

A Rolf

B Gundolf

C Alf

D Ingolf

ANTWORT 47

Richtige Antwort: A

Ein Periskop oder Sehrohr dient dazu, sich aus einer Deckung heraus unerkannt und möglichst gefahrlos umzusehen. Periskope kommen auch auf U-Booten zum Einsatz: So kann man sich oberhalb der Wasserfläche umsehen, ohne dass das U-Boot auftauchen muss. In einem einfachen Periskop befinden sich Spiegel in 45-Grad-Winkeln, mit denen das Bild von außen so reflektiert wird, dass es am inneren Ende des Periskops sichtbar ist. Es gibt aber auch Periskope mit Prismen und Linsen, die zusätzlich eine Vergrößerung bieten.

ANTWORT 48

Richtige Antwort: C

ALF ist die Abkürzung für „Alien Life Form" – außerirdische Lebensform. Im Jahr 1986 krachte Alf mit seinem Raumschiff in die Garage der Familie Tanner und brachte in der nach ihm benannten TV-Serie eine Menge Gags. Alf heißt mit richtigem Namen Gordon Shumway. Geboren wurde er am 28. Oktober 1756 auf dem Planeten Melmac. Er ist 95 cm groß und hat mehrere Mägen. Am liebsten würde er Lucky, die Katze der Familie Tanner, fressen, doch dies gelingt ihm nie.

FRAGE 49

UNHEIMLICH GUT ZU WISSEN: WELCHES MANÖVER KANN MENSCHEN VOR DEM ERSTICKEN RETTEN?

A Gräulich-Manöver

B Lieblich-Manöver

C Heimlich-Manöver

D Sämtlich-Manöver

FRAGE 50

NA, DANN GUTEN APPETIT! WAS IST EIN SCHMACKHAFTER SPEISEPILZ?

A Großer Gelbfuß

B Erhabener Schweißfuß

C Grünlicher Stinkfuß

D Leckerer Käsefuß

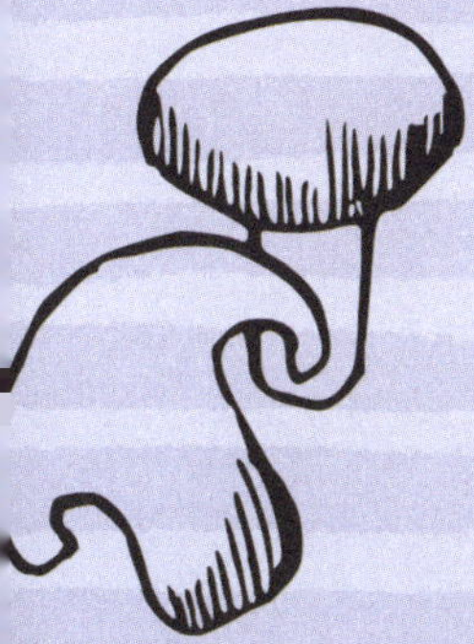

ANTWORT 49

Richtige Antwort: C

Das Heimlich-Manöver wurde nach dem amerikanischen Arzt Henry Heimlich benannt, der von 1920 bis 2016 lebte. Es wird auch Heimlich-Handgriff genannt und angewendet, wenn in der Luftröhre einer Person etwas feststeckt und diese zu ersticken droht. Man stellt sich dabei hinter die Person und umfasst mit beiden Armen deren Oberbauch. Durch ruckartigen Druck auf den Oberbauch soll auch der Druck auf die Lunge erhöht und der Gegenstand aus der Luftröhre heraus katapultiert werden. Henry Heimlich wandte sein Manöver sogar noch als 96-jähriger in einem Altenheim an und rettete damit einer 87-jährigen Mitbewohnerin das Leben.

ANTWORT 50

Richtige Antwort: A

Der Große Gelbfuß wird auch Großer Schmierling oder Kuhmaul genannt. Er ist in Nordamerika und Europa zu finden und gilt – trotz seiner ziemlich unappetitlichen Namen – als schmackhafter Speisepilz. Meistens ist er bei Lärchen zu finden, die Lärche ist ein Nadelbaum. Achtung! Wenn du als Abenteurer im Wald unterwegs bist, solltest du auf gar keinen Fall irgendwelche Pilze essen! Viele Pilze sind giftig, einige sogar tödlich. Wer Pilze sammeln und essen möchte, braucht viel Wissen und Erfahrung.

FRAGE 51

GEWICHTIGE SPORTART: IN WELCHEM LAND IST DAS SUMO-RINGEN EIN NATIONALSPORT?

A Indonesien

B Japan

C Finnland

D Somalia

FRAGE 52

WELCHER BERÜHMTE HERRSCHER FIEL EINEM ATTENTAT ZUM OPFER, AN DEM AUCH SEIN ADOPTIVSOHN BRUTUS BETEILIGT WAR?

A Alexander der Große

B Napoleon Bonaparte

C Julius Caesar

D Dschingis Khan

ANTWORT 51

Richtige Antwort: B

Das Sumo-Ringen ist eine japanische Form des Ringkampfs. Gekämpft wird in einem Kreis mit einem Durchmesser von 4,55 m. Wer aus diesem Kreis heraustritt, der hat den Kampf verloren. Aber auch wer den Boden innerhalb des Rings mit einem anderen Körperteil außer den Fußsohlen berührt, ist der Verlierer des Kampfes. Beim Sumo-Ringen hat man bessere Chancen zu gewinnen, wenn man viel wiegt. Deshalb sind Sumo-Ringer meistens ziemlich dick. Im Durchschnitt bringt ein Sumo-Ringer – ein Sumōtori – 150 Kilo auf die Waage.

ANTWORT 52

Richtige Antwort: C

„Auch du, mein Sohn Brutus!" Das sollen die letzten Worte von Julius Caesar gewesen sein, eines der berühmtesten römischen Herrscher. Das alte Rom war ein sehr mächtiges Reich, das weite Teile der damals bekannten Welt eroberte. Und auch Julius Caesar war mächtig – vielen zu mächtig. Am 15. März des Jahres 44 vor Christus wurde er während einer Senatssitzung von einer Gruppe von Senatoren erdolcht. Insgesamt sollen etwa 60 Personen an der Tat beteiligt gewesen sein, darunter auch Julius Caesars eigener Adoptivsohn Brutus.

FRAGE 53

WER HISST EINEN JOLLY ROGER?

A Magier

B Piraten

C Ritter

D Pfadfinder

FRAGE 54

WELCHES GEHEIMNISVOLLE WESEN SOLL IM HIMALAYA-GEBIRGE LEBEN?

A Bigfoot

B Grüffelo

C Krümelmonster

D Yeti

ANTWORT 53

Richtige Antwort: B

Der „Jolly Roger" ist die bekannteste Piratenflagge. Sie zeigt einen weißen Schädel und zwei gekreuzte Knochen auf schwarzem Hintergrund. Piratenschiffe fuhren normalerweise unter falscher Flagge, damit niemand Verdacht schöpfte. Erst kurz vor einem Angriff wurde dann die Totenkopfflagge gehisst, um vor dem Entern Angst und Schrecken zu verbreiten. „Jolly Roger" ist auch der Name des Piratenschiffs von Captain Hook in den Peter-Pan-Geschichten.

ANTWORT 54

Richtige Antwort: D

Der Himalaya ist das höchste Gebirge der Erde. Dort soll der Yeti leben – eine Art wilder Schneemensch oder menschenähnlicher Riesenaffe. Er soll zwischen zwei und drei Metern groß sein und über 200 Kilo wiegen. Und er hat große Füße, deren Abdrücke auf mehreren Expeditionen nachverfolgt wurden, allerdings ohne Erfolg. Falls du demnächst mal einen der zehn Achttausender im Himalaya-Gebirge ohne Sauerstoffgerät besteigen solltest und dabei den Yeti erblickst, melde dich bitte!

FRAGE 55

BITTE ZAHLEN! BEI WELCHEM BRETTSPIEL WERDEN HÄUSER UND HOTELS GEBAUT?

A Trivial Pursuit

B Mensch, ärgere dich nicht

C Malefiz

D Monopoly

FRAGE 56

WELCHE ERSTE NACHRICHT ENTHIELT DIE WORTE „MERRY CHRISTMAS“ – „FRÖHLICHE WEIHNACHTEN“?

A die erste SMS

B der erste Brief

C die erste E-Mail

D die erste Chat-Nachricht

ANTWORT 55

Richtige Antwort: D

Monopoly ist eines der erfolgreichsten Brettspiele überhaupt. Das Spiel kam im Jahr 1933 auf den Markt, mitten in einer Weltwirtschaftskrise. Aber es basiert auf einem noch älteren Spiel aus dem Jahr 1904, das den Namen „The Landlord's Game" trägt. Das hat das oberste Gericht in den Vereinigten Staaten von Amerika festgestellt. Die Erfinderin von „The Landlord's Game" hieß Elizabeth Magie Phillips. Sie lebte von 1866 bis 1948. Falls irgendwo Charles Darrow als Erfinder des Monopoly-Spiels genannt werden sollte: Du weißt nun besser Bescheid!

ANTWORT 56

Richtige Antwort: A

Am 3. Dezember 1992 verschickte ein britischer Ingenieur namens Neil Papworth die Nachricht „Merry Christmas" – und zwar per SMS. Diese erste SMS wurde von einem Computer aus auf ein Handy gesandt. Heute werden Nachrichten am häufigsten mit einer passenden App übers Internet verschickt. Steht kein Internet zur Verfügung, ist aber der Versand von SMS eine andere Möglichkeit. SMS steht für „Short Message Service" – „Dienst für kurze Nachrichten". Eine einzelne SMS hat höchstens 160 Zeichen.

FRAGE 57

GANZ SCHÖN MUTIG! WER WAR DER ERSTE MENSCH IM WELTALL?

A Leo Tolstoi

B Wladimir Putin

C Juri Gagarin

D Michail Gorbatschow

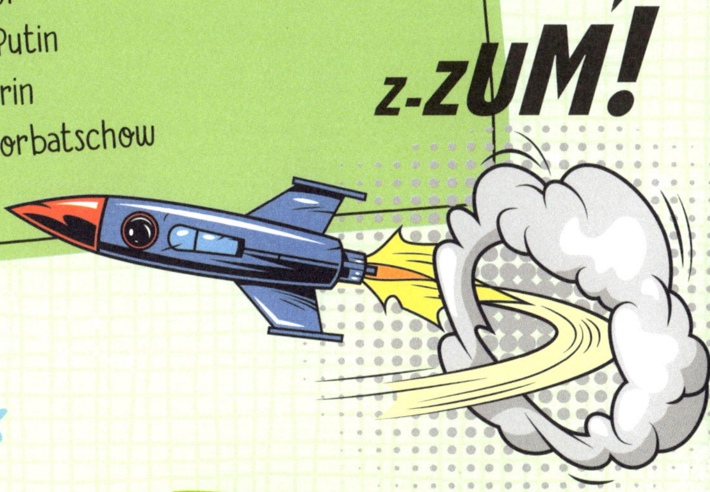

FRAGE 58

KNIFFLIGER ZEICHENTRICK: WELCHE DIESER COMIC-FIGUREN IST LINKSHÄNDER?

A Bart Simpson

B Asterix

C Donald Duck

D Goofy

ANTWORT 57

Richtige Antwort: C

Der erste Mensch im Weltall war der Russe Juri Alexejewitsch Gagarin, der von 1934 bis 1968 lebte. Er flog am 12. April 1961 mit dem Raumschiff Wostok 1 ins Weltall und kehrte nach einer Stunde und 48 Minuten im Weltall wohlbehalten zur Erde zurück. Die ersten Lebewesen im All waren Fruchtfliegen, die am 20. Februar 1947 von den USA mit einer Rakete ins Weltall geschossen wurden, um die Auswirkungen von Strahlen in großer Höhe zu untersuchen. Auch sie kamen lebend zurück.

ANTWORT 58

Richtige Antwort: A

Fast alle Figuren aus „Die Simpsons" sind Linkshänder, achte mal darauf! Der Grund dafür ist wirklich sehr einfach: Matt Groening, der Erfinder der Simpsons, ist selbst ebenfalls Linkshänder. Wusstest du außerdem, dass Matt Groening die meisten Mitglieder der Familie Simpson nach den Mitgliedern seiner eigenen Familie benannte? Homer Simpson zum Beispiel benannte er nach seinem Vater Homer Philip Groening. Lisa und Maggie erhielten die Namen seiner eigenen Schwestern. Und noch weitere Mitglieder der Familie Groening finden sich in „Die Simpsons" wieder.

FRAGE 59

WISSEN, DAS DU NIEMALS BRAUCHEN WIRST: WIE LANG IST DER ZEIGEFINGER DER FREIHEITSSTATUE?

A 0,33 m

B 1,00 m

C 2,44 m

D 9,25 m

FRAGE 60

RIESENGROSSE ZAHL! WIE HEISST EINE EINS MIT 100 NULLEN?

A Retinol

B Interpol

C Googol

D Gorgonzol

ANTWORT 59

Richtige Antwort: C

Die Freiheitsstatue ist eine der berühmtesten Sehenswürdigkeiten der Welt. Sie steht auf einer Insel vor dem Hafen der amerikanischen Stadt New York City. Der Zeigefinger der Statue ist 2,44 m lang, die ganze Hand 5 m. Die Höhe der ganzen Statue

beträgt 46,05 m. Wird der Sockel, auf dem sie steht, ebenfalls gemessen, kommt die Freiheitsstatue auf eine Höhe von rund 93 m. Mit der rechten Hand hält die Freiheitsstatue eine Fackel in die Höhe. Und in der linken Hand hält sie eine Tafel mit dem Datum der amerikanischen Unabhängigkeitserklärung, das ist der 4. Juli 1776.

ANTWORT 60

Richtige Antwort: C

Eine Zahl mit 100 Nullen heißt auch Googol. Diese Zahl sieht so aus: 10.000.000.000.000.000.000.000.000.000.000.000.000.000.000.000.000.000.000.000.000.000.000.000.000.000.000.000.000.000.000.000.000.000.000. Das Wort Googol wurde 1938 vom amerikanischen Mathematiker Edward Kasner geprägt. Heute ist das Googol besonders durch die Internet-Suchmaschine Google bekannt, die nach dem Googol benannt wurde. Eine noch viel größere Zahl ist das Googolplex: Das ist eine 1 mit einem Googol Nullen.

FRAGE 61

WELCHE TIERE NUTZEN IHR ECHO, UM SICH IN IHRER UMGEBUNG ZU ORIENTIEREN?

A Wildgänse

B Fledermäuse

C Pandabären

D Bergziegen

FRAGE 62

NEYMAR VOR, NOCH EIN TOR! WELCHE NATIONALELF HAT BISHER ALS EINZIGE AN ALLEN FUSSBALLWELTMEISTERSCHAFTEN TEILGENOMMEN?

A Brasilien

B Spanien

C Argentinien

D Portugal

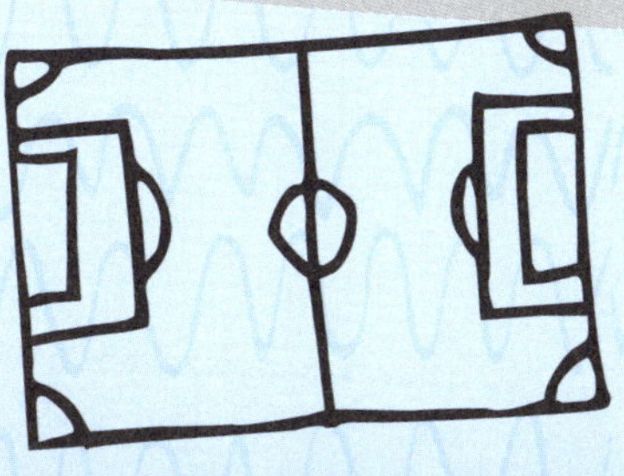

ANTWORT 61

Richtige Antwort: B

Damit Fledermäuse auch im Dunkeln herumflattern und jagen können, orientieren sie sich mit ihrem Echo. Dazu stoßen Sie Schallwellen aus, die von den Gegenständen in der Umgebung zurückgeworfen werden – genau das nennt man Echo. Die Fledermäuse können das Echo der einzelnen Gegenstände einordnen und wissen dadurch genau, wie weit der Gegenstand entfernt ist. Mit dem Echo können die Fledermäuse sogar herausfinden, wie schnell sich ein Beutetier fortbewegt. Die Schallwellen der Fledermäuse befinden sich übrigens im Ultraschallbereich, sodass diese für Menschen nicht hörbar sind.

ANTWORT 62

Richtige Antwort: A

Die brasilianische Nationalelf nahm bereits an der allerersten Fußball-WM im Jahr 1930 teil und war seither bei allen WM-Endrunden mit dabei. Bereits fünfmal wurde Brasilien Fußball-Weltmeister, nämlich in den Jahren 1958, 1962, 1970, 1994 und 2002. Das ist Rekord! Und es kommen in der brasilianischen Nationalmannschaft immer neue Fußballstars zum Einsatz, die oft nur einen Spitznamen tragen oder beim Vornamen genannt werden. Wusstest du zum Beispiel, dass der brasilianische Fußballstar Neymar mit vollem Namen Neymar da Silva Santos Júnior heißt?

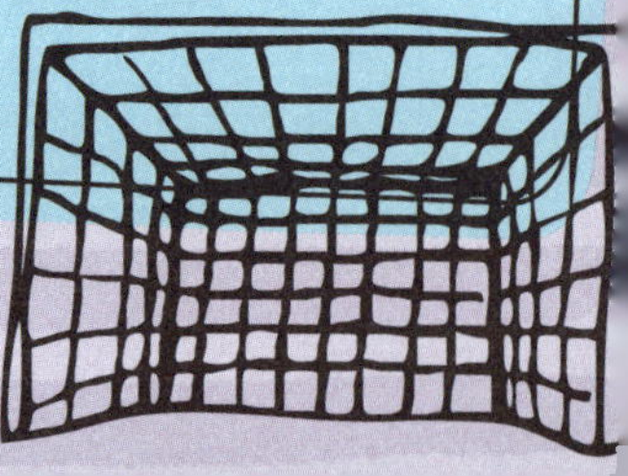

FRAGE 63

APROPOS REKORD: IN WELCHEM JAHR WURDE DAS ERSTE GUINNESS-BUCH DER REKORDE VERÖFFENTLICHT?

A 1492

B 1877

C 1955

D 2001

FRAGE 64

WO GIBT ES DIE HUNDEWACHE?

A In der Schule

B Im Zoo

C Im Supermarkt

D Auf einem Schiff

ANTWORT 63

Richtige Antwort: C

Guinness ist eine bekannte irische Biermarke. Das erste Guinness-Buch der Rekorde wurde von der Brauerei in der Mitte der 1950er Jahre in Auftrag gegeben und erschien am 27. August 1955. Seither erscheint jedes Jahr eine neue Ausgabe des Buches und informiert Menschen auf der ganzen Welt über neue Rekorde in allen möglichen Bereichen. Wem wachsen die längsten Haare aus dem Ohr? Wer hat die schwerste Zitrone der Welt gezüchtet? Wer zerdrückte mit seinem Kopf am meisten Hühnereier? Leihe dir die Guinness-Bücher in der Stadtbücherei aus und lies es nach!

ANTWORT 64

Richtige Antwort: D

Die Hundewache ist eine besonders unbeliebte Arbeitsschicht auf einem Schiff, denn sie dauert von Mitternacht bis vier Uhr morgens – das ist eine Zeit, in der die Seeleute lieber schlafen würden. Laut Wörterbuch rührt das Wort „Hundewache" von der Vorstellung her, dass um diese Zeit an Land ein Hund Haus und Hof bewacht. Aber ob das so stimmt? Ein anderes Wort für Hundewache ist nämlich Rattenwache.

Zzzzzz Zzz

FRAGE 65

BEI WELCHEM SPANISCHEN VOLKSFEST BEWERFEN SICH DIE TEILNEHMER GEGENSEITIG MIT GEMÜSE?

A Aubergina

B Zucchina

C Tomatina

D Paprikana

FRAGE 66

BERÜHMTER GAME-KLASSIKER: WELCHES COMPUTERSPIEL WURDE IN RUSSLAND ERFUNDEN?

A Frogger

B Die Sims

C Space Invaders

D Tetris

ANTWORT 65

Richtige Antwort: C

Du weißt ja: Mit Essen spielt man nicht. Aber einmal im Jahr darf es doch sein, zumindest im spanischen Örtchen Buñol. Die Tomatina wird dort immer Ende August ausgetragen – schon seit den 1940er Jahren. Zehntausende Menschen bewerfen sich dann gegenseitig mit Tomaten. Eine wichtige Regel hierbei ist, dass die Tomaten vor dem Werfen mit der Hand zerdrückt werden, um niemanden zu verletzen. Jeder, der an der Tomatenschlacht teilgenommen hat, muss hinterher helfen, die Straßen wieder zu reinigen.

ANTWORT 66

Richtige Antwort: D

Das Computerspiel Tetris wurde 1984 vom russischen Programmierer Alexei Paschitnow entwickelt. Ähnlich wie bei

einem Puzzlespiel müssen bei Tetris die herunterfallenden Tetrominos so gedreht und platziert werden, dass sie zu den bereits vorhandenen Tetrominos passen. Gar nicht so einfach, besonders da die Tetrominos immer schneller herunterfallen! Das Spielprinzip von Tetris ist sehr einfach. Dennoch wurde das Spiel schon weit über 100 Millionen Mal verkauft und zählt damit zu den erfolgreichsten Computerspielen aller Zeiten.

FRAGE 67

50 MILLIONEN ARTIKEL! WIE HEISST EIN RIESIGES LEXIKON IM INTERNET?

A Ylvipedia
B Wikipedia
C Halvarpedia
D Snorrepedia

FRAGE 68

JETZT WIRD'S HEISS! WELCHE TEMPERATUR HERRSCHT AUF DER OBERFLÄCHE DER SONNE?

A 100 Grad Celsius
B 1.305,7 Grad Celsius
C 5.500 Grad Celsius
D 10 Milliarden Grad Celsius

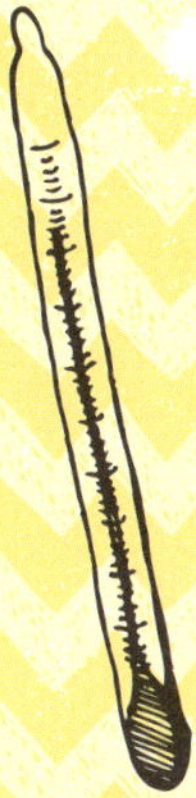

ANTWORT 67

Richtige Antwort: B

Die Wikipedia wurde am 15. Januar 2001 vom Amerikaner Jimmy Wales mit einer spannenden Idee gestartet: Die Nutzer sollten ihr Lexikon selbst schreiben. Jeder, der die Wikipedia nutzt, kann Artikel erstellen oder bestehende Artikel bearbeiten. Liest du in der Wikipedia einen Artikel und stellst einen Fehler fest, kannst du diesen also sofort korrigieren. Das funktioniert! Inzwischen hat die Wikipedia auf der ganzen Welt rund 50 Millionen Artikel, die in etwa 300 Sprachen verfasst wurden. Vergleiche mit herkömmlichen Lexika ergaben, dass die Wikipedia viel umfangreicher und sogar fehlerfreier ist.

ANTWORT 68

Richtige Antwort: C

!!!

Die Sonne ist ein Stern, und unser Planet Erde ist ein Teil des Sonnensystems. Die Erde kreist, wie die anderen Planeten des Sonnensystems, seit Milliarden von Jahren um die Sonne herum. Die Sonne ist dabei gleichzeitig der Brennofen, der seine Wärme an die Erde ausstrahlt und unser Leben auf der Erde dadurch erst ermöglicht. Sie besteht zu über 90 Prozent aus Wasserstoff. Auf der Oberfläche der Sonne beträgt die Temperatur etwa 5.500 Grad Celsius. Im Inneren der Sonne ist es aber noch viel heißer – da sind es über 15 Millionen Grad Celsius.

FRAGE 69

DER HERR DER RINGE: WAS FÜR EIN WESEN IST FRODO BEUTLIN?

A Ork
B Ainur
C Elbe
D Hobbit

FRAGE 70

UM WIE VIEL WACHSEN ALLE DEINE KOPFHAARE ZUSAMMENGENOMMEN PRO MONAT?

A 10 m
B 100 m
C 1 km
D 100 km

ANTWORT 69

Richtige Antwort: D

Frodo Beutlin ist eine Figur aus „Der Herr der Ringe" von John Ronald Reuel Tolkien. Er ist ein Hobbit und wurde als solcher am 22. September 2968 des Dritten Zeitalters geboren. Seine Eltern hießen Drogo Beutlin und Primula Brandybock. Doch nachdem diese bei einem Bootsunfall ums Leben gekommen waren, wuchs Frodo bei seinem Onkel Bilbo Beutlin auf. Bilbo vertraut seinem Neffen einen geheimnisvollen Ring an, der unsichtbar machen kann. Erst viele Jahre später erfährt er vom Zauberer Gandalf, welch große Gefahren von dem Ring ausgehen.

ANTWORT 70

Richtige Antwort: C

Angenommen, du hast 100.000 Haare auf dem Kopf und diese wachsen jeweils 1 cm pro Monat, dann wachsen alle Haare zusammengenommen um 100.000 cm pro Monat. Das sind 1.000 m oder 1 km pro Monat. Wie viele Haare du auf dem Kopf hast, hängt aber auch von der Haarfarbe ab. Am meisten Haare haben blonde Menschen, nämlich etwa 140.000. Braun- und schwarzhaarige Menschen bewegen sich mit 100.000 bis 110.000 Haaren im Mittelfeld. Am wenigsten Haare – etwa 85.000 – haben rothaarige Menschen.

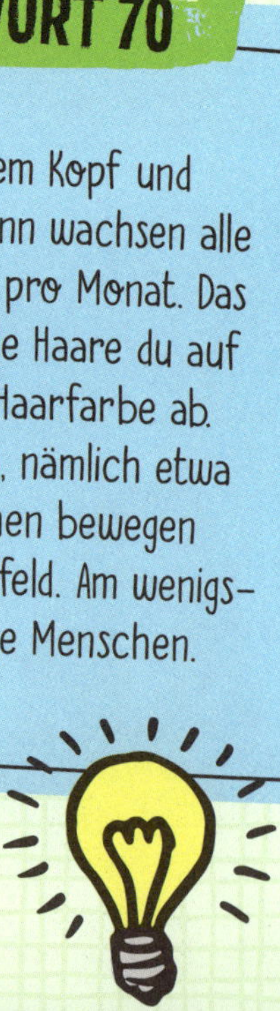

FRAGE 71

LEBENSGEFAHR! WELCHES KROKODIL IST AM GRÖSSTEN UND GEFÄHRLICHSTEN?

A Leistenkrokodil

B Rippenkrokodil

C Schädelkrokodil

D Speichenkrokodil

FRAGE 72

WIE HEISST EINE JEDES JAHR UNTER ROBOTERN AUSGETRAGENE FUSSBALL-WELTMEISTERSCHAFT?

A RoboCup

B RobotSoccer

C RoFIFA

D RoboBalla

ANTWORT 71

Richtige Antwort: A

Das größte und gefährlichste Krokodil ist das Leistenkrokodil, das um die 5 m lang werden kann. Es lebt zum Beispiel in Ostindien oder Nordaustralien. Möchte ein Leistenkrokodil ein Tier erlegen, das gerade am Ufer steht und trinkt, geht es so vor: Es schnellt blitzschnell aus dem Wasser, packt das Tier und zieht es mit sich in die Tiefe, um es zu ertränken. Handelt es sich um ein großes Tier – oder auch um einen Menschen – können auch mal mehrere Krokodile in Teamarbeit gemeinsam zupacken. In den letzten 25 Jahren gab es über 1.000 Angriffe von Leistenkrokodilen auf Menschen, davon waren rund 600 tödlich.

ANTWORT 72

Richtige Antwort: A

Der erste RoboCup wurde im Jahr 1997 ausgetragen. Ausgedacht hat sich diese Fußball-Weltmeisterschaft für Roboter der Japaner Hiroaki Kitano. Jedes Jahr treffen sich Wissenschaftler und Studenten aus der ganzen Welt an unterschiedlichen Orten, um ihre Roboter im Fußball gegeneinander antreten zu lassen. Der RoboCup 2019 fand zum Beispiel in Sydney in Australien statt. Er wird in unterschiedlichen Ligen ausgetragen, unter anderem wird dabei nach der Größe der Roboter unterschieden.

FRAGE 73

WELCHE RÖMISCHE STADT WURDE IM JAHR 79 DURCH EINEN VULKANAUSBRUCH ZERSTÖRT?

A Salerno

B Pompeji

C Ravenna

D lanuvio

FRAGE 74

HOWGH, BLEICHGESICHT! WELCHE INDIANER GIBT ES IN NORDAMERIKA?

A Rotfüße

B Braunfüße

C Grünfüße

D Schwarzfüße

ANTWORT 73

Richtige Antwort: B

Im Jahr 79 brach der Vulkan Vesuv im Golf von Neapel aus, was zum Untergang der florierenden römischen Stadt Pompeji führte. Auf der Stadt lag eine über 20 Meter hohe Schicht aus Asche und Gestein. Erst über 1.700 Jahre später – im Jahr 1748 – begann man mit den wissenschaftlichen Ausgrabungen. Heute kann man Pompeji besuchen und sich anschauen, wie die Römer damals lebten – und bei der Katastrophe starben.

ANTWORT 74

Richtige Antwort: D

Die Schwarzfüße (Englisch: Blackfeet) sind eine Gruppe von Indianerstämmen in Nordamerika. Zu den Schwarzfüßen zählen: die Siksika, die Kainai sowie die Nördlichen und Südlichen Piegan. Die Schwarzfüße bezeichnen sich selbst als Nitsitapiksi. Die Sprache der Schwarzfüße heißt Nitsipussin – das bedeutet „wahre, echte Sprache". Heute leben noch rund 40.000 Schwarzfüße in den USA und in Kanada, allerdings sprechen nicht mal mehr zehn Prozent davon ihre Stammessprache.

FRAGE 75

HOCH, HÖHER, AM HÖCHSTEN: WELCHEN NAMEN TRÄGT DER HÖCHSTE WOLKENKRATZER DER WELT?

A Taipei 101

B Shanghai Tower

C Burj Khalifa

D Lakhta Center

FRAGE 76

WELCHEN GESCHMACK HAT OHRENSCHMALZ?

A süß

B bitter

C salzig

D sauer

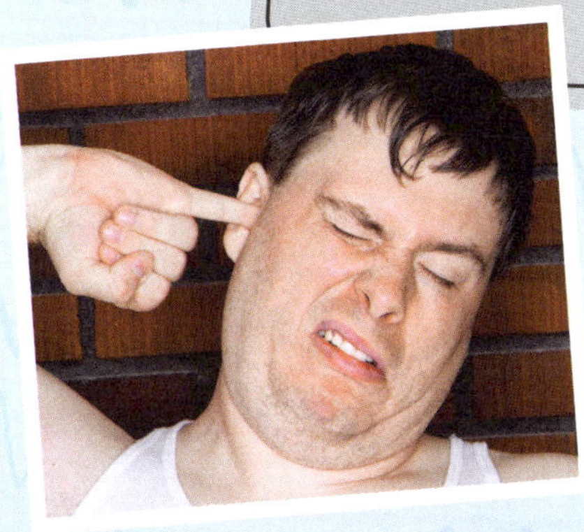

ANTWORT 75

Richtige Antwort: C

Der Wolkenkratzer Burj Khalifa in Dubai ist nicht nur der höchste Wolkenkratzer, sondern auch das höchste Bauwerk der Welt. Seine Höhe beträgt 828 Meter. Misst man die Spitze mit, sind es sogar 829,8 Meter. Das Gebäude verfügt über 57 Aufzüge, die auch dringend benötigt werden. Mit den Aufzügen kann man allerdings nur bis zum 189. Stockwerk in 638 Metern Höhe fahren. Das ist gleichzeitig die höchste Aufzugshaltestelle der Welt. Der Burj Khalifa wurde am 4. Januar 2010 eingeweiht.

ANTWORT 76

Richtige Antwort: B

Der bittere Geschmack des Ohrenschmalzes soll vor kleinen Tierchen schützen, die sonst vielleicht ins Ohr kriechen würden. Es gibt zwei Ohrenschmalz-Typen. Welches Ohrenschmalz du hast, richtet sich nach deiner Herkunft. Das Ohrenschmalz von Europäern und Afrikanern ist normalerweise klebrig und gelbbräunlich. Menschen aus Asien und die Ureinwohner Amerikas haben hingegen trockenes und graues Ohrenschmalz.

FRAGE 77

WELCHES IST DER HÄUFIGSTE VORNAME DER WELT?

A Mohammed

B Mose

C Jesus

D Lao-Tse

FRAGE 78

AUF WELCHER BELIEBTEN PLATTFORM KÖNNEN KINDER IHRE EIGENEN COMPUTERSPIELE ERSCHAFFEN?

A Jimlox

B Kenlox

C Roblox

D Tedlox

ANTWORT 77

Richtige Antwort: A

Der häufigste Vorname der Welt ist der Name des islamischen Religionsstifters Mohammed. Mohammed wurde um das Jahr 570 in Mekka geboren und starb im Jahr 632 in Medina. Sein voller Name war allerdings etwas länger, nämlich: Abū l-Qāsim Muhammad ibn 'Abdallāh ibn 'Abd al-Muttalib ibn Hāschim ibn 'Abd Manāf al-Quraschī. Um den Titel des häufigsten Nachnamens der Welt konkurrieren die beiden chinesischen Namen Lee und Zhang miteinander – das liegt einfach daran, dass es so viele Chinesen gibt.

ANTWORT 78

Richtige Antwort: C

Die Spiele-Plattform Roblox gibt es offiziell schon seit dem Jahr 2006. Entwickelt wurde sie von David Baszucki und Erik Cassel. Das Roblux-Studio kann sich jeder kostenlos auf seinen Computer herunterladen und damit seine eigenen Computerspiele erschaffen. Ähnlich wie bei Minecraft stehen auch bei Roblox Blöcke zum Gestalten der Spielewelt zur Verfügung. Heute verwenden zig Millionen Menschen weltweit Roblox. Besonders beliebt ist die Spiele-Plattform bei Kindern unter 15 Jahren.

FRAGE 79

DIE ARMEE WELCHES STAATES BESTEHT AUS NUR 135 SOLDATEN?

A Türkei

B Südkorea

C Vatikan

D China

FRAGE 80

ÜBER 5.000 JAHRE ALT! WELCHE GLETSCHERMUMIE WIRD AUF ENGLISCH „FROZEN FRITZ“, ALSO „GEFRORENER FRITZ“ GENANNT?

A Ötzi

B Tiësto

C Bobo

D Skrillex

ANTWORT 79

Richtige Antwort: C

Der Vatikan hat mit 135 Soldaten die kleinste Armee der Welt. Man nennt diese Armee auch die Päpstliche Schweizergarde, da sie zum einen dazu dient, den Papst zu beschützen, und da sie zum anderen nur aus Schweizern besteht. Das ist schon seit dem Jahr 1506 so, als die Päpstliche Schweizergarde gegründet wurde. Wer ein Schweizergardist werden möchte, der muss einige Voraussetzungen erfüllen: Unter anderem muss er ein männlicher katholischer Schweizer sein, mindestens 1,74 m groß und zwischen 19 und 30 Jahren alt. Außerdem muss er einen einwandfreien Ruf haben.

ANTWORT 80

Richtige Antwort: A

Am 19. September 1991 entdeckten zwei Bergwanderer eine Gletschermumie in den Ötztaler Alpen im italienischen Südtirol. Dafür gab es – allerdings erst nach einem langen Rechtsstreit – einen Finderlohn in Höhe von 175.000 Euro. Nach seinem Fundort erhielt die Gletschermumie den Spitznamen Ötzi. Der Ötzi starb schon über 3.000 Jahre vor Christus, ist also mehr als 5.000 Jahre alt. Da die Leiche des Ötzi durch natürliche Gefriertrocknung konserviert wurde, ist die Mumie für ihr hohes Alter noch gut erhalten. Heute wird der Ötzi im Südtiroler Archäologiemuseum in Bozen ausgestellt.

FRAGE 81

EKEL-ALARM! WO LASSEN SICH MEHR BAKTERIEN NACHWEISEN?

A Im Waschbecken

B Auf dem Küchenboden

C In der Toilette

D Im Kühlschrank

FRAGE 82

KLEINER AUSFLUG IN DIE URZEIT: WAS WAR EIN GEFÄHRLICHER DINOSAURIER?

A P. erplex

B T. rex

C R. eflex

D C. ornflex

ANTWORT 81

Richtige Antwort: D

Kaum zu glauben, aber wahr: Im Kühlschrank gibt es etwa tausendmal mehr Bakterien als zum Beispiel in einer Toilette. Das haben Wissenschaftler an der Universität von Arizona festgestellt. Sie entdeckten in den Kühlschränken normaler Haushalte im Durchschnitt über 11 Millionen Keime pro Quadratzentimeter. An den Rückwänden der Kühlschränke gefällt es den Bakterien besonders gut. Um die Bakterien zu bekämpfen hilft nur häufigeres Putzen. Beim Auswischen mit Essigwasser werden die Bakterien abgetötet.

ANTWORT 82

Richtige Antwort: B

T. rex ist die Kurzform für Tyrannosaurus rex. Der T. rex lebte – wie viele andere Dinosaurier – vor rund 70 Millionen Jahren auf der Erde. Der T. rex brachte es auf eine Länge von 13 Metern und ein Gewicht von bis zu neun Tonnen. Er bewegte sich auf zwei Beinen fort und ernährte sich von Fleisch. Unter anderem soll er Ceratopsier und Hadrosaurier gejagt haben. Andere Wissenschaftler überlegen aber, ob er vielleicht überhaupt kein Jäger war, sondern sich von Aas, also schon toten Tieren, ernährt haben könnte. Ein bekanntes Skelett eines T. rex heißt Sue und kann im Naturkundemuseum in Chicago bestaunt werden.

FRAGE 83

HIER KAM AUCH MESSI GROSS RAUS: DAS STADION WELCHES BERÜHMTEN FUSSBALLVEREINS IST DAS GRÖSSTE IN EUROPA?

A Manchester United

B Borussia Dortmund

C FC Barcelona

D Juventus Turin

FRAGE 84

HAST DU TÖNE? WELCHER BERÜHMTE ERFINDER HAT DEN PHONOGRAPHEN ERFUNDEN?

A Alfred Nobel

B Leonardo da Vinci

C Rudolf Diesel

D Thomas Alva Edison

ANTWORT 83

Richtige Antwort: C

Das größte Fußballstadion heißt Camp Nou und steht in der spanischen Millionenstadt Barcelona. Es wurde bereits im Jahr 1957 eingeweiht und ist seither das Heimstadion des Fußballvereins FC Barcelona. Das Stadion bietet zurzeit Platz für stattliche 99.354 Fußballfans, aber es soll sogar noch vergrößert werden. Der wohl berühmteste Spieler des FC Barcelona ist der Argentinier Lionel Messi, der schon fünfmal zum Weltfußballer gekürt wurde.

ANTWORT 84

Richtige Antwort: D

Die Erfindung des Phonographen geht auf den amerikanischen Erfinder Thomas Alva Edison zurück. Er führte ihn im Jahr 1877 zum ersten Mal vor. Mit dem Phonographen konnten Töne auf einer Walze aufgezeichnet und wiedergegeben werden. Die Walzen der ersten Phonographen waren mit Zinnfolie bezogen. Mit einem Trichter wurde der Schall verstärkt und beim Drehen der Walze wurden die Töne mit einer Nadel auf die Folie geschrieben. Nur zehn Jahre nach dem Phonographen wurde das Grammophon erfunden, das sich einfacher gebrauchen ließ und den Phonographen im Laufe der Jahre bedeutungslos machte.

FRAGE 85

WILLKOMMEN AN BORD! WIE BEZEICHNET EIN SEEMANN DIE LINKE SEITE EINES SCHIFFES?

A Bratbord

B Dünstbord

C Backbord

D Kochbord

FRAGE 86

IN WELCHEM LAND GILT DIE SCHWALBENNESTERSUPPE ALS DELIKATESSE?

A Spanien

B China

C Australien

D Island

ANTWORT 85

Richtige Antwort: C

Die linke Seite auf einem Schiff – aber auch in Luft- und Raumfahrzeugen – nennt man Backbord. „Back" ist das englische Wort für Rücken. Weil das Steuer sich früher auf der rechten Seite der Schiffe befand (Steuerbord), drehte man der linken Seite den Rücken zu – daher das Wort Backbord. In der englischen Sprache nennt man die Backbordseite auch „port", was Hafen bedeutet. Weitere wichtige Wörter in der Seemannssprache sind Heck und Bug: das Heck ist der hintere Teil des Schiffes, das Bug der vordere Teil.

ANTWORT 86

Richtige Antwort: B

Die Schwalbennestersuppe ist eine Delikatesse in China. Es werden dafür richtige Vogelnester verwendet, allerdings nicht die von Schwalben, sondern von Salanganen. Der eiweißreiche Speichel dieser Vögel bildet den Nestzement, der so lecker sein soll. Zur Zubereitung wird ein Nest zuerst mal gründlich gereinigt. Dann lässt man es in Wasser aufquellen und gart es anschließend zusammen mit Kalbfleisch in Hühnerbrühe.

FRAGE 87

SUPER! KLASSE! TOLL! WELCHE FIGUR KOMMT IN VIELEN COMPUTERSPIELEN VOR?

A Super Mario

B Klasse Pietro

C Toller Tom

D Fantastischer John

FRAGE 88

WELCHE TELEFONVORWAHL HAT DIE ANTARKTIS?

A +34

B +591

C +6721

D +86

RING!

RING!

ANTWORT 87

Richtige Antwort: A

Super Mario ist eine der bekanntesten Computerspielfiguren überhaupt. Er ist ein italienischer Klempner mit Schnauzbart, rotem Hemd, blauer Latzhose und einer roten Schirmmütze. Super Mario tritt schon seit Anfang der 1980er Jahre in verschiedenen Computerspielen auf. Insgesamt gingen seither mehrere Hundert Millionen Spiele mit Super Mario über den Ladentisch. Wie ein typischer Italiener ruft er oftmals aus: „Mamma Mia!"

ANTWORT 88

Richtige Antwort: C

Antarktis nennt man die um den Südpol der Erde gelegenen Gebiete. Die Antarktis gehört zu keinem bestimmten Land, hat aber eine eigene Telefonvorwahl, nämlich +6721. Wählst du hingegen +34 landest du in Italien, mit +591 erreichst du ein Telefon in Bolivien und unter +86 schließt du Bekanntschaft mit einem Chinesen. Doch zurück zum Südpol: Die ersten Menschen, die den geografischen Südpol erreichten, waren am 14. Dezember 1911 der Norweger Roald Amundsen und seine Expeditionsgruppe – Telefon gab es damals in der Antarktis noch nicht.

+6721

FRAGE 89

DENKWÜRDIGER GESCHWINDIGKEITSREKORD: DER NAGEL WELCHES FINGERS WÄCHST AM SCHNELLSTEN?

A Ringfinger

B Zeigefinger

C Mittelfinger

D Kleiner Finger

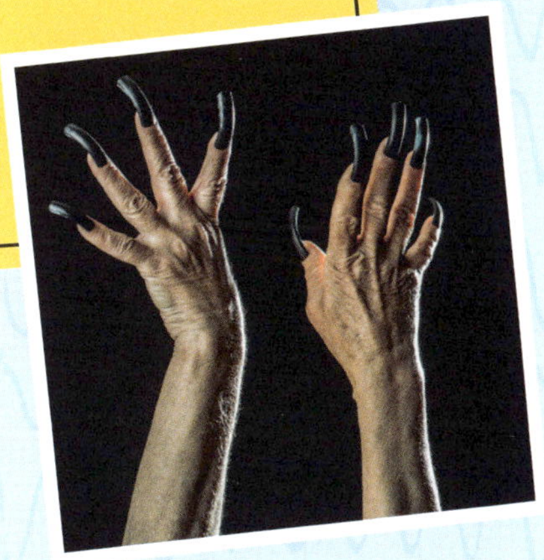

FRAGE 90

WIE HIESS DER ERSTE BAND VON „GREGS TAGEBUCH"?

A Dumm gelaufen!

B Alles Käse!

C Böse Falle!

D Von Idioten umzingelt!

ANTWORT 89

Richtige Antwort: C

Ein Fingernagel besteht aus über 100 Lagen von Hornzellen, die übereinander geschichtet werden. Jede Woche wachsen die Fingernägel etwa einen halben oder sogar einen ganzen Millimeter in die Länge. Am schnellsten wächst dabei der Nagel am Mittelfinger, der Nagel des kleinen Fingers wächst hingegen am langsamsten. Besonders lange Fingernägel hatte der Inder Shridhar Chillal. Er ließ sie über 60 Jahre lang wachsen, sodass diese fast zwei Meter lang wurden.

ANTWORT 90

Richtige Antwort: D

„Gregs Tagebuch" ist eine Kinderbuchreihe des amerikanischen Schriftstellers Jeff Kinney. Im amerikanischen Original trägt die Reihe den Titel „Diary of a Wimpy Kid". Das Besondere an Gregs Tagebuch: In den Romanen werden Texte und Comic-Zeichnungen gemischt, was das Lesen sehr unterhaltsam macht. Inzwischen sind schon zahlreiche Bände der Kinderbuchreihe erschienen, der erste Band hieß „Von Idioten umzingelt!". Er kam 2010 als „Literaturverfilmung" in die Kinos.

FRAGE 91

JETZT GEHT'S UM DIE WURST: WAS WURDE FRÜHER AUCH „DACKELWURST" GENANNT?

A Hot Dog

B Salami

C Wiener Würstchen

D Currywurst

FRAGE 92

WELCHE INSEKTEN SIND VON DER „COLONY COLLAPSE DISORDER" – DER „KOLONIEKOLLAPSSTÖRUNG" – BETROFFEN?

A Stechmücken

B Honigbienen

C Marienkäfer

D Ameisen

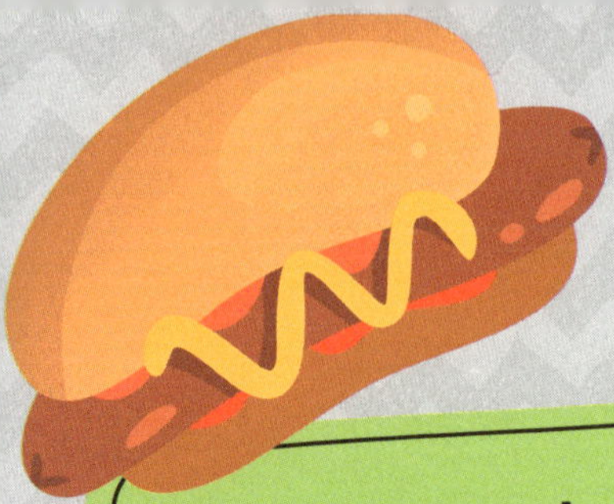

ANTWORT 91

Richtige Antwort: A

Dackelwurst war frühere eine andere Bezeichnung für ein Hot Dog – das ist englisch für „Heißer Hund". Früher brachten Einwanderer aus Deutschland Würste sowie Dackel nach Amerika mit. Manche Menschen rätselten damals, ob die Deutschen eventuell ihre Dackel zu den Würsten verarbeiteten. Das Hot Dog ist einfach ein Würstchen in einem Weizenbrötchen, das zusammen mit weiteren Zutaten wie Senf, Gurken, Röstzwiebeln und Ähnlichem sehr lecker schmeckt. Natürlich befinden sich in der Wurst keine Dackel oder andere Hunde.

ANTWORT 92

Richtige Antwort: B

Colony Collapse Disorder (kurz: CCD) ist eine Form des Bienensterbens. In den letzten Jahrzehnten ist die Anzahl der Honigbienen in Nordamerika und Europa stark geschrumpft, während sie in anderen Regionen der Erde sogar zunahm. Das Problem: Honigbienen sind sehr wichtig für die Bestäubung und Vermehrung von Pflanzen – diese Aufgabe übernehmen sie ganz nebenbei, während sie in den Blüten den Nektar sammeln. Möchtest du zum Bienenschutz beitragen, lass möglichst viele bunte Blumen in eurem Garten oder auf dem Balkon sprießen!

FRAGE 93

EXTREMSPORTLER: WELCHEN KANAL HAT MATTHEW WEBB ALS ERSTER DURCHSCHWOMMEN?

A Ärmelkanal

B Sockenkanal

C Knopfkanal

D Kragenkanal

FRAGE 94

WIE HIESS EIN KRIEGERISCHES SEEFAHRERVOLK IN NORDEUROPA?

A Wikinger

B Phönizier

C Kariben

D Maori

ANTWORT 93

Richtige Antwort: A

Der Brite Matthew Webb lebte von 1848 bis 1883. Er war im Jahr 1875 der erste Mensch, dem es gelang, über den Ärmelkanal von der englischen Stadt Dover bis zur französischen Stadt Calais zu schwimmen. Für die rund 33 km lange Strecke benötigte er 21 Stunden und 45 Minuten – am Stück. Technische Hilfsmittel verwendete Webb dazu nicht. Webb starb 1883 bei dem Versuch, gefährliche Stromschnellen im nordamerikanischen Fluss Niagara, ein paar Kilometer unterhalb der Niagarafälle, zu durchschwimmen.

ANTWORT 94

Richtige Antwort: A

Die Wikingerzeit nahm ihren Anfang im 8. Jahrhundert. Häufig liest man, dass der Beginn der Wikingerzeit mit einem Überfall auf das englische Kloster Lindisfarne im Jahr 793 eingeläutet wurde. Im Laufe von fast 300 Jahren folgten viele weitere Überfälle der kriegerischen Wikinger. Als Ende der Wikingerzeit wird die Schlacht von Stamford Bridge im Jahr 1066 betrachtet – damals unterlag der Wikingerkönig Harald der Harte von Norwegen dem englischen König Harald Godwinson.

FRAGE 95

GEHEIMNISVOLLER HELD: WELCHER MASKIERTE RITZT SEINEN FEINDEN EIN „Z“ IN DIE KLEIDUNG ODER IN DIE HAUT?

A Zeno
B Zampano
C Zorro
D Zacharias

FRAGE 96

SEHR GROSS UND SEHR TIEF: WELCHER SEE ENTHÄLT ETWA EIN FÜNFTEL DER FLÜSSIGEN SÜSSWASSERRESERVEN DER ERDE?

A Victoriasee
B Baikalsee
C Titicacasee
D Michigansee

ANTWORT 95

Richtige Antwort: C

Zorro ist eine Figur, die erstmals im Jahr 1919 in einem amerikanischen Groschenroman auftauchte. Dieser trug den Titel „Der Fluch von Capistrano". Hinter der Figur des Zorro verbirgt sich der kalifornische Adlige Don Diego de la Vega – zu einer Zeit, als Kalifornien noch nicht zu den USA gehörte. Dieser führt ein ruhiges Leben. Doch manchmal schlüpft er in die Rolle des Zorro und kämpft mit schwarzer Maske und schwarzem Umhang für die Gerechtigkeit. Interessant zu wissen: Zorro ist das spanische Wort für Fuchs.

ANTWORT 96

Richtige Antwort: B

Der Baikalsee ist ein See in Russland, genauer gesagt in Sibirien. Mit einem Alter von 25 Millionen Jahren ist er der älteste Süßwassersee der Erde. Mit einer Tiefe von 1.642 Metern ist er aber auch der tiefste See. Der Baikalsee hat ein Volumen von über 23.000 Kubik-Kilometer – damit enthält er sogar mehr Wasser als die gesamte Ostsee. Die Fläche des Baikalsees beträgt 31.722 Quadrat-Kilometer – damit ist er größer als ganz Belgien.

FRAGE 97

WIE HEISST EIN BELIEBTES GAME, BEI DEM DIE SPIELER MITEINANDER STATT GEGENEINANDER SPIELEN KÖNNEN?

A Fivehours

B Twodays

C Oneweek

D Fortnite

FRAGE 98

APP-SOLUT GENIALE ERFINDUNG: WELCHES UNTERNEHMEN HAT DAS IPHONE HERAUSGEBRACHT?

A Facebook

B Google

C Apple

D Amazon

ANTWORT 97

Richtige Antwort: D

Fortnite ist ein sogenanntes Koop-Survival-Spiel, bei dem die Spieler miteinander für die gleiche Sache kämpfen. Das kann zum Beispiel ein gruseliger Kampf gegen gefährliche Zombies sein, der zusammen mit anderen Fortnite-Gamern bestritten wird. Das Spiel wurde erstmals 2017 eingeführt und begeistert seither über 200 Millionen Spieler auf der ganzen Welt. Meistens spielen mehrere Millionen Menschen irgendwo auf der Welt gleichzeitig Fortnite.

ANTWORT 98

Richtige Antwort: C

Das erste iPhone brachte Apple im Jahr 2007 auf den Markt. Es war damals etwas Neues, dass ein Smartphone mit verschiedenen Gesten auf dem Bildschirm gesteuert werden konnte. Auch das einfache Herunterladen von Apps aus dem eingebauten App Store war eine wichtige Neuerung. Heute gibt es eine ganze Menge iPhones und andere Smartphones, die mit ihren vielen Funktionen fast schon einen richtigen Computer ersetzen können. Aber Vorsicht: Der Umgang mit einem Smartphone kann süchtig machen – du tust gut daran, es öfter mal ausgeschaltet zu lassen!

FRAGE 99

„ICH MACH MICH NASS!" WER TRÄGT EINE WINDEL?

A Feuerwehrmann
B Astronaut
C Lokomotivführer
D Polizist

FRAGE 100

GANZ SCHÖN STARK! WAS LIEFERT DIE FIGUR OBELIX AUS DEN ASTERIX-COMICS AUS?

A Hinkelsteine
B Wildschweine
C Zaubertrank
D Römer

ANTWORT 99

Richtige Antwort: B

Bei einem Flug ins Weltall muss ein Astronaut eine Windel tragen. Die Beschleunigung einer Rakete ist so heftig, dass beim Astronauten mehr Körperflüssigkeit als sonst in die Nieren gelangt und von dort in die Blase. Die Blase entleert sich beim Raumflug normalerweise automatisch, selbst wenn der Astronaut es nicht möchte. Die Windel eines Astronauten kann etwa eineinhalb Liter Flüssigkeit aufsaugen. So wird verhindert, dass der Urin frei im Raumanzug herumfließt.

ANTWORT 100

Richtige Antwort: A

Obelix ist von Beruf Hinkelstein-Lieferant. Er stellt die Hinkelsteine auch selbst her, indem er die Steine mit bloßen Händen behaut. Da Obelix als Kind in den Zaubertrank des Druiden Miraculix gefallen ist, hat er übermenschliche Kräfte. Wozu die Hinkelsteine gut sein sollen? Das wird in den Asterix-Comics leider nicht aufgelöst. Aber Obelix versieht einen Hinkelstein schon auch mal mit einer Schleife und bringt ihn als Geschenk mit. Auch auf den einen oder anderen Römer wurden bereits Hinkelsteine geworfen.

FRAGE 101

WISSENSCHAFTLICHES WORT: WAS MACHT JEMAND, DER AN RHINOTILLEXOMANIE LEIDET, ZWANGHAFT?

A laut rülpsen
B In der Nase bohren
C Am Popo kratzen
D Auf den Boden spucken

FRAGE 102

BLITZSCHNELL! WAS HAT EINE GESCHWINDIGKEIT VON RUND 300.000 KILOMETERN PRO SEKUNDE?

A Der Wind
B Das Licht
C Der Schall
D Superman

ANTWORT 101

Richtige Antwort: B

Die Rhinotillexomanie wird in der Wissenschaft als krankhaftes Verhalten betrachtet. Wer daran leidet, bohrt sich zwanghaft in der Nase. Aber keine Sorge, wenn du dir ab und zu in der Nase bohrst, du bist nicht allein: Einer Studie zufolge tun das auch neun von zehn Erwachsene, natürlich meistens heimlich. Rund zwei Drittel der Menschen verwenden zum Nasebohren den Zeigefinger, etwa ein Fünftel den kleinen Finger und jeder Siebte den Daumen. Auch für den Verzehr von Popeln gibt es ein wissenschaftliches Wort, nämlich Mukophagie.

ANTWORT 102

Richtige Antwort: B

Das Licht bewegt sich mit einer Geschwindigkeit von 299.792.458 Kilometern pro Sekunde fort, könnte also innerhalb einer Sekunde mehr als siebenmal die Erde umrunden. Die Entfernung, die das Licht in einem Jahr zurücklegt, nennt man Lichtjahr. Ein Lichtjahr entspricht etwa 9,5 Billionen Kilometern. Während das Licht von der Sonne zur Erde nur rund acht Minuten braucht, sind es zum Neptun schon über vier Stunden. Der nächste Stern, der Proxima Centauri, ist über vier Lichtjahre entfernt.

FRAGE 103

WOHER STAMMT DIE SPORTART BAUMSTAMMWERFEN?

A Dänemark
B Schottland
C Portugal
D Kroatien

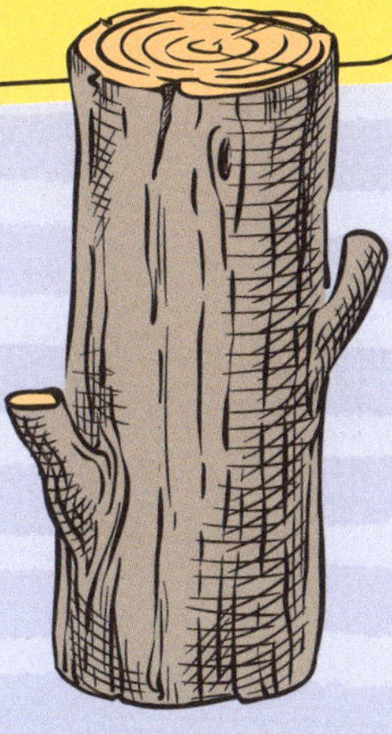

FRAGE 104

BITTE RECHT FREUNDLICH! IN WELCHEM JAHR WURDE DAS ERSTE FOTO AUFGENOMMEN?

A 1492
B 1826
C 1789
D 1949

ANTWORT 103

Richtige Antwort: B

Das Baumstammwerfen ist eine alte Sportart aus Schottland. Sie wird unter anderem jedes Jahr bei den schottischen Highland Games ausgeübt – neben dem Steinstoßen und Hammerwerfen. Und so einfach geht's: Halte einen Baumstamm mit beiden Händen senkrecht vor deinem Körper; dann nimm Anlauf und schleudere den Baumstamm vor dich auf den Boden. Der Baum soll in einer möglichst geraden Linie liegenbleiben, ansonsten gibt es Punktabzug.

ANTWORT 104

Richtige Antwort: B

Das erste Foto wurde im Jahr 1826 von einem französischen Erfinder namens Joseph Niépce aufgenommen. Es zeigt den Blick aus dessen Arbeitszimmer auf einem Gutshof. Unter anderem ist auf dem Foto ein Fensterflügel, ein Taubenhaus und ein Baum zu erkennen. Kein Meisterwerk, aber eben der Beginn der Fotografie! Im Jahr 1963 wurde das Foto von der University of Texas gekauft und ist seither in deren Besitz.

FRAGE 105

AUF INS GROSSE SEEABENTEUER! WER UMSEGELTE ALS ERSTER MENSCH DIE GANZE WELT?

A Christoph Kolumbus

B James Cook

C Ferdinand Magellan

D Käpt'n Blaubär

FRAGE 106

WAS IST ASTRONAUTEN AUF IHREN RAUMFLÜGEN LEIDER NICHT MÖGLICH?

A Sich übergeben

B Pupsen

C Wasser lassen

D Rülpsen

ANTWORT 105

Richtige Antwort: C

Der erste Mensch, der die ganze Welt umsegelte, war im 16. Jahrhundert der portugiesische Ritter und Seefahrer Ferdinand Magellan. Am 20. September 1519 stachen fünf Schiffe mit ihm als Generalkapitän in See. Mit diesen Schiffen entdeckte er 1520 die nach ihm benannte Magellanstraße, die den Atlantischen mit dem Pazifischen Ozean verbindet, und überquerte danach als erster Europäer den Pazifischen Ozean. Magellan fiel am 27. April 1521 auf den Philippinen im Kampf gegen die Eingeborenen.

ANTWORT 106

Richtige Antwort: D

Astronauten können auf ihren Raumflügen nicht rülpsen, da die Gase in der Schwerlosigkeit nicht den Weg nach oben finden. Hingegen wurde in den Anfängen der Raumfahrt festgestellt, dass die Astronauten im Weltall mehr pupsen. Man kann dann aber darauf, dass das einfach an der Umstellung auf die Weltraumnahrung lag. Inzwischen verursacht die Weltraumnahrung viel weniger Darmgase. Wasser lassen und sich übergeben ist für die Astronauten kein Problem. Die meisten Astronauten übergeben sich, wenn sie zum ersten Mal in die Schwerelosigkeit kommen.

FRAGE 107

EINFACH RIESIG! WIE GROSS WAR DER BISHER GRÖSSTE MENSCH DER WELT?

A 2,15 m
B 2,38 m
C 2,72 m
D 3,11 m

FRAGE 108

ZIEMLICH AUFGEWECKT! WELCHES TIER HAT BEIM SCHLAFEN STETS EIN AUGE GEÖFFNET?

A Delfin
B Pferd
C Spatz
D Hamster

ANTWORT 107

Richtige Antwort: C

Der bisher größter Mensch war ein Amerikaner namens Robert Pershing Wadlow. Er lebte von 1918 bis 1940 und war schon als Achtjähriger größer als sein Vater – und der war 1,82 m groß. Mit zehn Jahren brachte es Wadlow bereits auf eine Größe von zwei Metern. Und am Ende seines Lebens maß Wadlow stattliche 2,72 m bei einem Körpergewicht von etwa 200 kg. Er hatte Schuhgröße 76. Die Ursache für Wadlows Körpergröße war ein Tumor, der dafür sorgte, dass große Mengen an Wachstumshormonen ausgeschüttet werden.

ANTWORT 108

Richtige Antwort: A

Russische Forscher haben entdeckt, dass Delfine immer nur mit einer Gehirnhälfte schlafen. Schläft die eine Gehirnhälfte, so passt die andere Gehirnhälfte auf, dass der Delfin nicht angegriffen wird oder beim Schwimmen womöglich gegen ein Hindernis stößt. Als Meeressäugetiere müssen Delfine auch regelmäßig aus dem Wasser auftauchen zum Luft holen. Der Delfin schließt beim Schlafen immer das Auge, das der schlafenden Gehirnhälfte gegenüberliegt.

FRAGE 109

WIE NENNT MAN DIE STREITAXT EINES INDIANERS?

A Kalumet

B Tomahawk

C Tipi

D Skalp

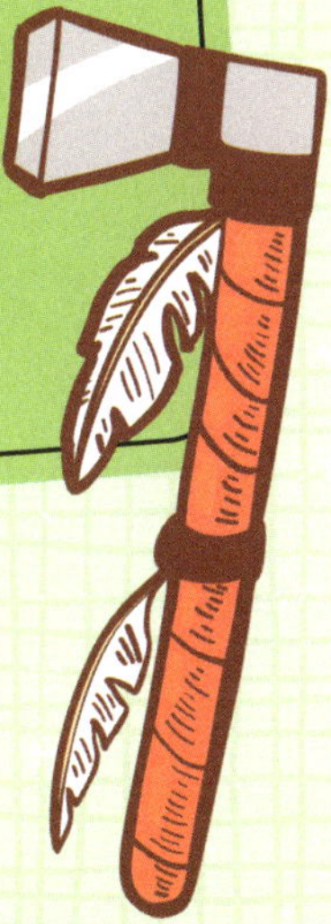

FRAGE 110

SKATER-FRAGE: WIE NENNT MAN ES, WENN MAN MIT DEM SKATEBOARD RÜCKWÄRTS FÄHRT?

A Carve

B Tweak

C Fakie

D Kickflip

ANTWORT 109

Richtige Antwort: B

Die Streitaxt eines Indianers wird Tomahawk genannt. Der Tomahawk war aber nicht nur ein Kriegsbeil, sondern er wurde in Zeiten des Friedens auch als Werkzeug verwendet. Der Schaft des Tomahawks besteht aus Holz. Der Kopf des Tomahawks wurde in früheren Zeiten meist aus Stein gefertigt, später aber normalerweise aus Eisen. Begann ein Stamm einen Krieg, so sprach man davon, das Kriegsbeil auszugraben. Schloss man Frieden, so begrub man das Kriegsbeil wieder.

ANTWORT 110

Richtige Antwort: C

Fährst du auf deinem Skateboard rückwärts, so machst du einen Fakie. Beim Fakie zeigt der hintere Teil des Skateboards in die Fahrtrichtung. Skateboardtricks haben oft Namen, die komisch klingen: Ollie, Catch, Heelflip, Spin... Das Skateboarden kam schon in den 1960er Jahren auf, damals nannte man es manchmal Asphaltsurfen. Übrigens: Ab 2020 ist das Skateboarden erstmals in der Geschichte dieses Sports eine olympische Sportart.

FRAGE 111

WELCHER FILMHELD TRUG IM RICHTIGEN LEBEN DEN VORNAMEN MARION?

A Tobey Maguire
B Sylvester Stallone
C John Wayne
D Arnold Schwarzenegger

FRAGE 112

EXTREME KÄLTE: WELCHES IST DIE TIEFSTE LUFTTEMPERATUR, DIE OFFIZIELL AUF DER ERDE GEMESSEN WURDE?

A –32,5 Grad Celsius
B –56,3 Grad Celsius
C –89,2 Grad Celsius
D –109,8 Grad Celsius

ANTWORT 111

Richtige Antwort: C

John Wayne war ein amerikanischer Filmschauspieler, der besonders für seine Westernfilme berühmt wurde. Mit richtigem Namen hieß er Marion Mitchell. In den Vereinigten Staaten von Amerika ist Marion auch als Jungenname gebräuchlich. In seiner Heimat wurde John Wayne aber auch häufig nach seinem Spitznamen „The Duke" – „Der Herzog" – genannt. Das war der Name des Hundes, den John Wayne in seiner Kindheit hatte. Der letzte Film mit John Wayne hieß „Der letzte Scharfschütze". Er kam 1976 in die Kinos.

ANTWORT 112

Richtige Antwort: C

Die tiefste Lufttemperatur betrug –89,2 Grad Celsius und wurde im Jahr 1983 in der Wostok-Station gemessen, einer russischen Forschungsstation in der Antarktis. Die Station befindet sich in mehr als dreitausend Metern Höhe. Inzwischen wurden sogar noch tiefere Temperaturen bestimmt, zum Beispiel –98,6 Grad Celsius im Jahr 2018. Allerdings wurden diese Rekordtemperaturen mithilfe von Satelliten nur indirekt gemessen. Der absolute Nullpunkt, also die tiefste Temperatur, die es überhaupt geben kann, liegt bei –273,15 Grad Celsius.

FRAGE 113

AUCH OHNE ROSAROTE BRILLE: WELCHER DIESER SEEN IST ROSAROT?

A Genfer See

B Lake Hillier

C Gardasee

D Balaton

FRAGE 114

WER VERFASSTE DAS WERK „EIN BRIEF AN DIE KÖNIGLICHE AKADEMIE ÜBER DAS FURZEN"?

A Albert Einstein

B Isaac Newton

C Benjamin Franklin

D Charles Darwin

ANTWORT 113

Richtige Antwort: B

Der Lake Hillier in Australien ist tatsächlich rosarot. Dieses Naturwunder kann man sich allerdings nur vom Flugzeug aus anschauen, da die Insel, auf der sich der See befindet, unter Naturschutz steht und nicht betreten werden darf. Der Lake Hillier wurde im Jahr 1802 vom britischen Forscher Matthew Flinders entdeckt. Warum der See eine rosarote Farbe hat, konnte von Wissenschaftlern bisher nicht abschließend geklärt werden. Man geht aber davon aus, dass die Algen und Bakterien im See für die Verfärbung verantwortlich sind.

ANTWORT 114

Richtige Antwort: C

Benjamin Franklin lebte von 1706 bis 1790. Er war unter anderem Wissenschaftler, Erfinder und Politiker. Seine wohl berühmteste Erfindung ist der Blitzableiter, aber auch die Glasharmonika, der flexible Harnkatheter und die Zweistärkenbrille sollen auf ihn zurückgehen. Seinen „Brief an die Königliche Akademie über das Furzen" schrieb er im Jahr 1781. Zu jener Zeit war er als Botschafter der USA in Frankreich tätig.

FRAGE 115

VIEL SCHNELLER ALS USAIN BOLT: WELCHES LANDTIER ERREICHT DIE HÖCHSTE LAUFGESCHWINDIGKEIT?

A Spitzmaulnashorn
B Gepard
C Afrikanischer Büffel
D Ameisenbär

FRAGE 116

HÖHER ALS DER HÖCHSTE KIRCHTURM: WAS IST DER 167 METER HOHE HIGH ROLLER?

A Ein Wolkenkratzer
B Ein Riesenrad
C Eine Eisenbahnbrücke
D Ein Fernsehturm

ANTWORT 115

Richtige Antwort: B

Der Gepard ist eine Katze, die vor allem auf dem afrikanischen Kontinent zu Hause ist. Im Gegensatz zu Großkatzen wie dem Löwen, dem Tiger oder dem Leoparden zählt der Gepard zu den Kleinkatzen. Wirklich klein ist der Gepard aber nicht nicht: Er ist etwa 1,5 m lang – ohne Schwanz. Der Gepard kann es bei der Jagd auf Geschwindigkeiten von über 90 km/h bringen, ist also etwa so schnell wie ein Auto auf der Landstraße. Die ganz hohen Geschwindigkeiten kann der Gepard allerdings nur wenige Sekunden lang durchhalten.

ANTWORT 116

Richtige Antwort: B

„The High Roller" ist ein 167 Meter hohes Riesenrad – das derzeit höchste Riesenrad der Welt. Es befindet sich in einem Vergnügungspark in der amerikanischen Stadt Las Vegas. Der High Roller wurde in mehreren Ländern der Erde zusammengebaut, unter anderem in Japan, China, Deutschland, Frankreich. Eröffnet wurde das Riesenrad am 1. April 2014 – es ist allerdings alles andere als ein Aprilscherz. Wenn du mal eine Runde im High Roller drehen möchtest, solltest du schwindelfrei sein und eine halbe Stunde Zeit mitbringen.

FRAGE 117

IM KARATE HEISST DIE ERSTE REGEL „KARATE BEGINNT MIT RESPEKT UND ENDET MIT RESPEKT“. UND WIE HEISST DIE ZWEITE REGEL?

A Auge um Auge, Zahn um Zahn!

B Hau den Lukas!

C Im Karate gibt es keinen ersten Angriff.

D Lieber O.K. als K.O.

FRAGE 118

PLAUDERSTUNDE: WELCHE APP WIRD ZUM CHATTEN ÜBERS INTERNET VERWENDET?

A Kindle **B** Spotify

C Momox **D** WhatsApp

ANTWORT 117

Richtige Antwort: C

Der Japaner Funakoshi Gichin lebte von 1868 bis 1957. Er stellte 20 Regeln für den Karatesport auf, deren zweite lautet: „Im Karate gibt es keinen ersten Angriff". Das bedeutet, das ein Karatekämpfer nie zuerst schlägt, sondern sich nur verteidigt. Regel 3 lautet nämlich: „Karate ist ein Helfer der Gerechtigkeit".

Karate ist ein uralter Kampfsport. Die Gürtelfarbe verrät, wie weit ein Karatekämpfer fortgeschritten ist. Ein weißer Gürtel bedeutet: blutiger Anfänger, ein schwarzer: Meister. Der Name Karate bedeutet „leere Hand".

ANTWORT 118

Richtige Antwort: D

WhatsApp ist ein Chat-Dienst, der im Jahr 2009 gegründet wurde und seit 2014 zum Unternehmen Facebook gehört. Mit WhatsApp lassen sich Text- und Sprachnachrichten, aber auch Bilder und Videos übers Internet austauschen. Sogar das Telefonieren übers Internet ist mit WhatsApp möglich. WhatsApp wird von über 1,5 Milliarden Menschen auf der ganzen Welt regelmäßig genutzt und ist damit der beliebteste Chat-Dienst.

FRAGE 119

WELCHES VOLK BESTATTETE SEINE TOTEN HERRSCHER ALS MUMIEN?

A Griechen
B Ägypter
C Römer
D Germanen

FRAGE 120

GEFÄHRLICHES REPTIL: WELCHE IST DIE GIFTIGSTE GIFTSCHLANGE DER WELT?

A Fischotter
B Eidotter
C Schreckensotter
D Globetrotter

ANTWORT 119

Richtige Antwort: B

Unter einer Mumie versteht man einen toten Körper, der auf irgendeine Weise vor der Verwesung geschützt wurde. Die alten Ägypter waren Meister darin, ihre Herrscher oder auch wohlhabende Bürger als Mumien zu konservieren und zu bestatten. Die Mumien vieler ägyptischer Herrscher wurden in Pyramiden bestattet. Besonders berühmt sind die Pyramiden von Gizeh.

ANTWORT 120

Richtige Antwort: C

Die Schreckensotter – auch Inlandtaipan genannt – ist die giftigste Giftschlange der Welt. Sie lebt in Australien und kann bis zu 2,5 m lang werden. Mit dem Gift eines einzigen Bisses könnte die Schreckensotter theoretisch 250 Menschen töten. Sie ist 50 Mal giftiger als eine Kobra und ein paar Hundert Mal giftiger als eine Klapperschlange.
Die gute Nachricht: Da die Schreckensotter vor allem in unbewohnten Wüstengebieten lebt, sind Todesfälle bei Menschen nur sehr selten. Falls du mal einer Schreckensotter begegnen solltest, geh ihr aber lieber aus dem Weg!

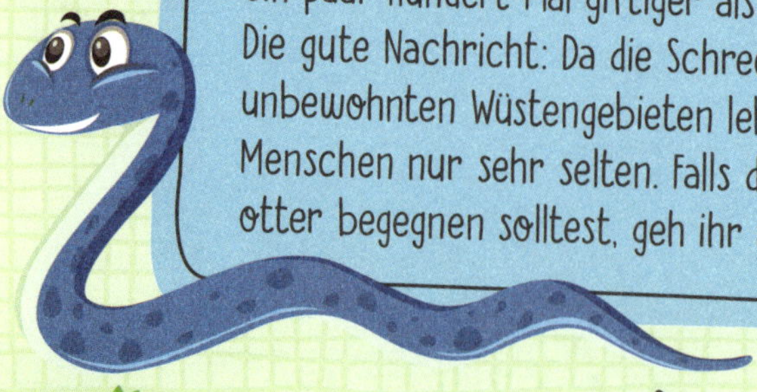

FRAGE 121

WO VERBRACHTE DER RUSSE GENNADI IWANOWITSCH PADALKA 878 TAGE – ALSO ÜBER ZWEI JAHRE?

A auf einem Baum

B am Nordpol

C im Weltall

D am Meeresgrund

FRAGE 122

WELCHE MILCH IST MIT RUND 20.000 EURO PRO LITER AM TEUERSTEN?

A Mäusemilch

B Eselsmilch

C Katzenmilch

D Affenmilch

ANTWORT 121

Richtige Antwort: C

Gennadi Iwanowitsch Padalka ist ein russischer Raumfahrer. Bei seinen fünf Raumflügen verbrachte er insgesamt 878 Stunden – also etwa zwei Jahre und vier Monate – im Weltall. So viel Zeit im Weltall verbrachte vor ihm kein anderer Mensch. Padalka ist unter anderem Militärpilot, Fallschirmspringer, Taucheroffizier und studierter Umweltingenieur. Seinen ersten Raumflug absolvierte er 1998 in einem Sojus-Raumschiff, das ihn zur Raumstation Mir brachte, die von 1986 bis 2001 die Erde umkreiste.

ANTWORT 122

Richtige Antwort: A

Die teuerste Milch der Welt ist die Mäusemilch. Denn für einen einzigen Liter Mäusemilch müssen etwa 4.000 Mäuse gemolken werden. Dafür wird eine Pipette verwendet, mit der pro Maus 0,25 Milliliter Milch gemolken werden. Inzwischen wurde aber auch eine Mäusemelkmaschine entwickelt, mit der das Melken der Mäuse schneller geht. Die Mäusemilch wird für wissenschaftliche Zwecke benötigt. Unter anderem wurde mit der Mäusemilch ein Impfstoff gegen die Tropenkrankheit Malaria entwickelt.

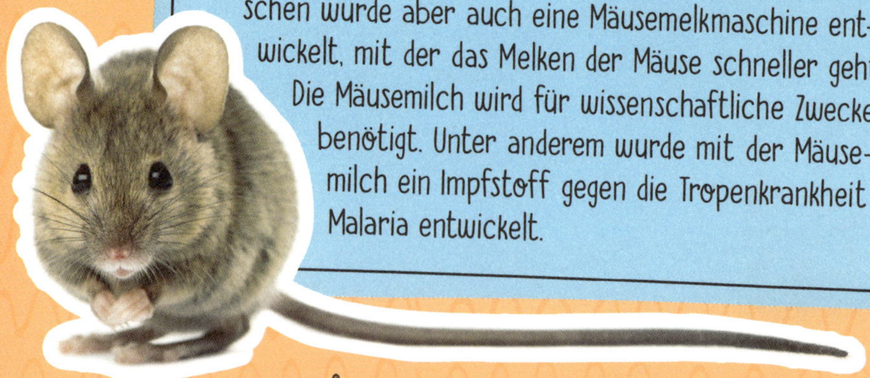

FRAGE 123

SCHWERGEWICHTSMEISTER: WAS WIEGT ETWA SO VIEL WIE 200 ELEFANTEN?

A Das Internet

B 400 Löwen

C Ein Sonnenstrahl

D Eine Schönwetterwolke

FRAGE 124

SCHNELLES WACHSTUM: UM WIE VIELE MENSCHEN WÄCHST DIE WELTBEVÖLKERUNG PRO MINUTE?

A 2 Menschen

B 20 Menschen

C 80 Menschen

D 150 Menschen

ANTWORT 123

Richtige Antwort: D

Es kommt auf die Größe und Art der Wolke an, wie viel sie wiegt. Aber Wolken sind ganz schön schwer, denn sie bestehen aus Wasser. Eine Schönwetterwolke enthält rund ein Gramm Wasser pro Kubikmeter. Und so eine Wolke kann schon mal einen oder mehrere Kilometer groß werden. Das summiert sich! Noch viel größer und schwerer sind aber Gewitterwolken – diese können auch mal eine Millionen Tonnen auf die Waage bringen.

ANTWORT 124

Richtige Antwort: D

Die Weltbevölkerung vergrößert sich jedes Jahr um etwa 80 Millionen Menschen – das macht pro Minute ein Wachstum von rund 150 Menschen. Die Weltbevölkerung wächst und wächst. Während im Jahr 1960 „nur" drei Milliarden Menschen die Erde bevölkerten, sind es heute schon fast acht Milliarden. Nach einer Vorhersage der UNO soll die Weltbevölkerung bis zum Jahr 2100 auf 11 Milliarden Menschen anwachsen. Seit es die Menschheit gibt, haben bisher bereits weit über 100 Milliarden Menschen auf der Erde gelebt.

FRAGE 125

WIE HIESS EINES DER ERSTEN VIDEOSPIELE?

A Pong
B Ding
C Gong
D Fang

FRAGE 126

VON WELCHEM BERÜHMTEN FUSSBALLSTAR STAMMT DIE MODEMARKE CR7?

A Diego Maradona
B Cristiano Ronaldo
C Leroy Sané
D Lionel Messi

ANTWORT 125

Richtige Antwort: A

Pong wurde 1972 vom amerikanischen Unternehmen Atari veröffentlicht und eroberte in den 1970er Jahren die Spielhallen. Die Videospiele damals waren noch viel einfacher gestrickt als du sie heute kennst. Das lag vor allem daran, dass die Computer viel weniger leistungsstark waren. Bei Pong siehst du weiße Striche und einen Punkt auf weißem Hintergrund. Der Punkt ist der Ball, der mithilfe der Striche (den Schlägern) hin und her gespielt werden soll – das Videospiel Pong ähnelt also dem Tennis oder Tischtennis.

ANTWORT 126

Richtige Antwort: B

CR7 – diese Modemarke besteht aus den Anfangsbuchstaben des Namens Cristiano Ronaldo und dessen Rückennummer. Cristiano Ronaldo ist ein portugiesischer Fußballspieler und fünfmaliger Weltfußballer. Er ist Rekordtorschütze der portugiesischen Nationalmannschaft. Cristiano Ronaldo begann seine Karriere beim Verein Sporting Lissabon, bevor er bei Manchester United unter Vertrag genommen wurde. Von 2009 bis 2018 spielte er für Real Madrid. 2018 wurde er von Juventus Turin unter Vertrag genommen.

FRAGE 127

WELCHER „HEILIGE BERG" DARF AUSSCHLIESSLICH VON MÄNNERN UND JUNGS BETRETEN WERDEN?

A Athos
B Porthos
C Aramis
D D'Artagnan

FRAGE 128

„HÄNDE HOCH ODER ICH SCHIESSE!" WER WAR EIN BERÜCHTIGTER REVOLVERHELD IM WILDEN WESTEN?

A Tinky-Winky
B Laa-Laa
C Billy the Kid
D Dipsy

ANTWORT 127

Richtige Antwort: A

Der heilige Berg Athos ist eine Mönchsrepublik innerhalb Griechenlands. Sie besteht aus zahlreichen Klöstern und hat über zweitausend Einwohner. Die orthodoxen Mönche erlauben nur Männern und Jungs, ihre Republik zu betreten. Nicht mal weibliche Haustiere sind gestattet. Da Männer und Frauen gleichberechtigt sind, gibt es immer wieder mal Proteste gegen die Entscheidung der Mönche. Das größte Kloster auf dem Berg Athos ist das Kloster Megisti Lavra.

ANTWORT 128

Richtige Antwort: C

Billy the Kid wurde im Jahr 1859 als Henry McCarty geboren. Er zählt heute zu den berüchtigtsten Revolverhelden im Wilden Westen. Schon im Alter von zwölf Jahren tötete er bei einer Schlägerei in Joe Dyers Saloon einen Mann, der seine Mutter beleidigt hatte. Deshalb musste Billy the Kid fliehen und lebte fortan als Gesetzloser. Im Jahr 1881 wurde Billy the Kid von Sheriff Pat Garrett ohne Vorwarnung erschossen. Zuvor hatte Garrett dem Revolverhelden jedoch angeboten, das Land zu verlassen.

FRAGE 129

WOVOR HAT JEMAND ANGST, DER AN HEXAKOSIOIHEXEKONTAHEXAPHOBIE LEIDET? (SPRICH DAS WORT ZEHNMAL SCHNELL HINTEREINANDER!)

A Vor Hexen

B Vor der Zahl 666

C Vor der Schule

D Vor schwierigen Wörtern

FRAGE 130

FAST DREI MILLIARDEN DOLLAR EINGESPIELT: WELCHER FILM WAR BISHER AM ERFOLGREICHSTEN?

A Pippi in Taka-Tuka-Land

B Das fliegende Klassenzimmer

C Drei Haselnüsse für Aschenbrödel

D Avatar

ANTWORT 129

Richtige Antwort: B

Wer an Hexakosioihexekontahexaphobie leidet, der hat Angst vor der Zahl 666. Das griechische Wort Hexakosioihexekontahexa steht für die Zahl 666 und eine Phobie ist eine Angst. Die Angst vor der Zahl 666 rührt daher, dass in der Bibel – genauer gesagt im Buch der Offenbarung – die Zahl 666 als Zahl des Tieres bezeichnet wird, was als Zahl des Teufels interpretiert wurde. Heute geht man davon aus, dass mit der Zahl 666 in verschlüsselter Form der grausame römische Kaiser Nero gemeint war, der die Christen verfolgen und töten ließ.

ANTWORT 130

Richtige Antwort: D

Der Film „Avatar – Aufbruch nach Pandora" kam 2009 in die Kinos und spielte rund 2,8 US-Dollar ein. Er wurde damit zum erfolgreichsten Film der Welt. In dem Film werden Szenen in der Wirklichkeit mit Computeranimationen vermischt. Das Ganze gibt es außerdem in 3D. Der Film spielt im Jahr 2154. Die Menschen bauen auf dem Mond Pandora Rohstoffe ab und geraten dort in Konflikt mit den Eingeborenen, den Na'vi. Ein Mann namens Jake Sully soll mit künstlichen Körpern – Avataren – den Kontakt zu den Eingeborenen aufbauen.

FRAGE 131

WELCHE SERIE WURDE VON NETFLIX ERSTMALS IM JAHR 2019 VERÖFFENTLICHT?

A Die Waltons
B Diebische Elstern
C Unsere kleine Farm
D Rauchende Colts

FRAGE 132

AUF INS REISEABENTEUER! WER WAR EIN BERÜHMTER CHINAREISENDER?

A Tom Tailor
B Jack Wolfskin
C Hugo Boss
D Marco Polo

ANTWORT 131

Richtige Antwort: B

Die erste Folge der Jugendserie „Diebische Elstern" lief am 14. Juni 2019 auf Netflix. Im amerikanischen Original heißt die Serie „Trinkets", was „Schmuckstücke" bedeutet. Die Serie dreht sich um drei Teenager, die zwanghaft klauen. Netflix ist ein großer Streaming-Anbieter im Internet. Eine ganze Reihe der Filme und Serien, die man bei Netflix anschauen kann, produziert Netflix selbst – so auch die Serie „Diebische Elstern". Im Jahr 2019 hatte Netflix auf der ganzen Welt etwa 150 Millionen Abonnenten.

ANTWORT 132

Richtige Antwort: D

Marco Polo lebte von 1254 bis 1324. Er war ein Händler in der italienischen Stadt Venedig. Berühmt ist er für seine

Berichte über eine Chinareise, die er Ende des 13. Jahrhunderts unternahm. Marco Polo traf auf seiner Reise auch einen Enkel von Dschingis Khan, nämlich Kublai Khan, den Großkhan der Mongolen. Marco Polo wurde dessen Präfekt. Viele Menschen glaubten seinen abenteuerlichen Berichten nach seiner Heimreise nicht, aber er selbst sagte: „Ich habe nicht die Hälfte von dem erzählt, was ich gesehen habe."

FRAGE 133

IM JAHR 2022 WIRD DIE FUSSBALL-WM ERSTMALS ZUM JAHRESENDE STATT IM SOMMER AUSGETRAGEN. ABER WO?

A Schnupfen

B Katar

C Husten

D Heiserkeit

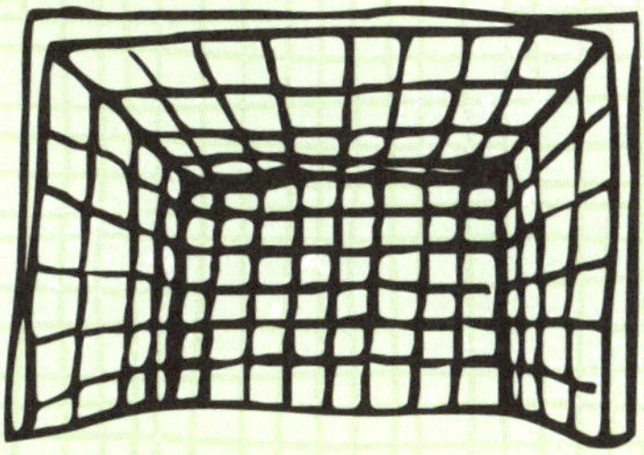

FRAGE 134

BEERENSTARK! WELCHE DIESER FRÜCHTE IST WIRKLICH EINE BEERE?

A Kürbis

B Erdbeere

C Holunderbeere

D Himbeere

ANTWORT 133

Richtige Antwort: B

Austragungsort der Fußball-Weltmeisterschaft 2022 ist das arabische Emirat Katar. Bisher wurden die Fußball-Weltmeisterschaften stets im Sommer ausgetragen. Da es in Katar aber im Sommer viel zu heiß ist zum Fußball spielen, wurde die Fußball-WM in Katar ausnahmsweise auf das Jahresende verlegt. Das Eröffnungsspiel findet am 21. November 2022 statt, das Endspiel am 18. Dezember 2022 – am vierten Advent.

ANTWORT 134

Richtige Antwort: A

Tja, wer hätte es gedacht: Der Kürbis ist eine Beere, und zwar eine sogenannte Panzerbeere. Diese Bezeichnung erhalten Beeren, die über eine harte Außenschicht verfügen. Die Erdbeere ist hingegen keine echte Beere, sondern eine Sammelnussfrucht. Die Holunderbeere ist eine Steinfrucht. Und die Himbeere zählt zu den Sammelsteinfrüchten. Das nimmt man allerdings nur in der botanischen Wissenschaft so genau. Umfangssprachlich sind kleine Früchte wie die Erdbeere, die Holunderbeere oder die Himbeere Beeren.

FRAGE 135

WELCHE SÄNGERIN FIEL IMMER WIEDER DURCH VERRÜCKTE OUTFITS AUF?

A Lora Loco
B Miss Crazy
C Irma Irre
D Lady Gaga

FRAGE 136

WOMIT VERSTÄNDIGTEN SICH FRÜHER DIE NORDAMERIKANISCHEN INDIANER?

A Sturmzeichen
B Wasserzeichen
C Rauchzeichen
D Federzeichen

ANTWORT 135

Richtige Antwort: D

Die amerikanische Sängerin und Schauspielerin Lady Gaga, die eigentlich Stefani Joanne Angelina Germanotta heißt, fällt immer wieder durch gewagte bis seltsame Outfits auf. Bei den Video Music Awards 2010 trug sie beispielsweise ein Kleid aus Rindfleisch. Lady Gaga ist mit mehr als 180 Millionen verkauften Tonträgern eine sehr erfolgreiche Sängerin.

ANTWORT 136

Richtige Antwort: C

Um sich auch über große Entfernungen verständigen zu können, verwendeten die nordamerikanischen Indianer Rauchzeichen. Damit ein Feuer schön qualmte, wurde nasses Gras hineingeworfen. Dann deckte man das Feuer mit einer Decke zu und ließ in bestimmten Abständen Rauch nach oben steigen, um die Botschaft zu übermitteln. Welche Botschaft mit welchen Rauchzeichen übermittelt wurde, das haben die Indianer vorher unter sich ausgemacht. Zum Beispiel konnte dabei die Größe der Rauchwolke eine Rolle spielen, manchmal wurde durch Beigaben im Feuer aber auch Rauch in unterschiedlichen Farben erzeugt.

FRAGE 137

WELCHER SCHLAGKRÄFTIGE SCHAUSPIELER NAHM ALS SCHWIMMER ZWEIMAL AN DEN OLYMPISCHEN SPIELEN TEIL?

A Keanu Reeves

B Bud Spencer

C Liam Neeson

D Dwayne Johnson

FRAGE 138

WELTRE-HICK-KORD! WIE VIELE JAHRE LANG HATTE EIN AMERIKANER NAMENS CHARLES OSBORNE SCHLUCKAUF?

A 3 Jahre

B 11 Jahre

C 29 Jahre

D 68 Jahre

ANTWORT 137

Richtige Antwort: B

Bud Spencer hieß eigentlich Carlo Pedersoli. Er lebte von 1929 bis 2016 und ist vor allem für seine Filme mit Terence Hill berühmt, in denen die Fäuste nur so fliegen. Bevor Bud Spencer zum Film kam, war er aber ein erfolgreicher Schwimmer und Wasserballspieler. Er war der erste Italiener, der die 100 Meter Freistil in weniger als einer Minute schwamm. In den Jahren 1952 nahm er an den Olympischen Spielen in Helsinki und dann noch mal 1956 an den Olympischen Spielen in Melbourne teil.

ANTWORT 138

Richtige Antwort: D

Der Amerikaner Charles Osborne, der von 1894 bis 1991 lebte, hält den Weltrekord im Hicksen. Sein Schluckauf dauerte von 1922 bis 1990 – 68 Jahre lang. In dieser Zeit hickste Charles Osborne rund 430 Millionen Mal. Der Schluckauf ist eine reflexartige Einatmungsbewegung des Zwerchfells. Er kann zum Beispiel auftreten, wenn man sein Essen zu gierig verschlingt. Normalerweise dauert ein Schluckauf aber nur ein paar Sekunden oder höchstens ein paar Minuten. Um einen Schluckauf zu bekämpfen, reicht es meistens aus, den Körper aufzurichten und sein Zwerchfell zu entspannen.

FRAGE 139

IN WELCHEM COMPUTERSPIEL WOLLEN DIE VÖGEL IHRE VON SCHWEINEN GEKLAUTEN EIER ZURÜCKHOLEN?

A Bird Attack

B Angriff der Vögel

C Angry Birds

D Of Birds and Pigs

FRAGE 140

ZEIGE KAMPFGEIST! FÜR WELCHEN KAMPFSPORT GELTEN DIE QUEENSBERRY-REGELN?

A Taekwondo

B Mixed Martial Arts

C Boxen

D Jiu Jitsu

ANTWORT 139

Richtige Antwort: C

Das Computerspiel „Angry Birds" („Wütende Vögel") wurde 2009 vom finnischen Unternehmen Rovio Entertainment veröffentlicht und macht seither Spieler auf der ganzen Welt süchtig. Bei dem Spiel geht darum, dass die wütenden Vögel versuchen, ihre Eier zurückzuholen, die ihnen von Schweinen gestohlen wurden. Dazu werden die Vögel mithilfe einer Schleuder in die Verstecke der Schweine geschossen. Neben den roten Vögeln, die nicht über besondere Fähigkeiten verfügen, gibt es verschiedene besondere Vögel: zum Beispiel kann der gelbe Vogel besonders gut Holz zerstören und der grüne Vogel kann als Bumerang verwendet werden.

ANTWORT 140

Richtige Antwort: C

Die Queensberry-Regeln wurden im Jahr 1865 von John Sholto Douglas, dem 9. Marquess of Queensberry, erfunden. Sie gelten noch heute als Grundregeln für den Boxsport. In den Queensberry-Regeln ist zum Beispiel festgelegt, dass die Boxer Boxhandschuhe tragen müssen, dass eine Boxrunde drei Minuten lang dauert, dass zwischen den Boxrunden eine einminütige Pause eingelegt wird oder dass der Ringrichter einen niedergeschlagenen Boxer bis 10 auszählt. Wettbewerbe im Faustkampf wurden übrigens schon bei den Olympischen Spielen in der Antike ausgetragen – damals aber noch ohne die Queensberry-Regeln.

FRAGE 141

WELCHE TECHNOLOGIE WURDE NACH EINEM WIKINGERKÖNIG BENANNT?

A Bluetooth

B Alexa

C Smart Home

D Internet

FRAGE 142

WASSER MARSCH! WIE VIEL WASSER WIRD FÜR DIE HERSTELLUNG VON EINEM KILO RINDFLEISCH BENÖTIGT?

A 20 Liter

B 500 Liter

C 3.000 Liter

D 15.000 Liter

ANTWORT 141

Richtige Antwort: A

Die Technologie Bluetooth (auf Deutsch: Blauzahn) dient dazu, Daten per Funk zwischen verschiedenen Geräten zu übertragen. Zum Beispiel könntest du damit Musik von einem Smartphone auf einen Bluetooth-Lautsprecher übertragen. Oder mit einer Bluetooth-Maus drahtlos den Mauszeiger auf einem Computer steuern. Ihren Namen hat die Bluetooth-Technologie vom Wikingerkönig Harald I., der im 10. Jahrhundert lebte und Blauzahn genannt wurde.

ANTWORT 142

Richtige Antwort: D

Für die Herstellung von Rindfleisch wird besonders viel Wasser benötigt, nämlich rund 15.000 Liter pro Kilo. Für die Produktion von einem Kilo Mandeln braucht man fast so viel, nämlich etwa 13.000 Liter. Um ein Kilo Reis herzustellen, benötigt man immerhin bis zu 5.000 Liter Wasser. Besser sieht es bei Mais oder Weizen aus – um da ein Kilo herzustellen, sind „nur" etwa 1.000 Liter erforderlich. Wenn man die Nahrungsmittel dann auch isst, mag das ja noch okay sein. Allerdings wird Schätzungen zufolge ein Viertel des Wassers für Nahrungsmittel verschwendet, die dann auf dem Müll landen.

FRAGE 143

BLOSS NICHT MAUERN! WELCHE MAUER WURDE VON CHUCK YEAGER DURCHBROCHEN?

A Chinesische Mauer

B Klagemauer

C Schallmauer

D Berliner Mauer

FRAGE 144

DING DANG DONG: WIE VIELE DINGE BESITZT JEDER EUROPÄER IM DURCHSCHNITT?

A 100

B 1.000

C 10.000

D 100.000

ANTWORT 143

Richtige Antwort: C

Charles Elwood Yeager, genannt Chuck, ein früherer amerikanischer Militärpilot und General, wurde im Jahr 1923 geboren. Er war am 14. Oktober 1947 der erste Mensch, der die Schallmauer durchbrach. Das bedeutet, dass er mit seinem damaligen Flugzeug – einer Bell X-1 – schneller flog als der Schall. Die Schallgeschwindigkeit ist abhängig von der Temperatur und dem Luftdruck. Als Yeager die Schallmauer durchbrach, hatte der Schall eine Geschwindigkeit von 1.060 km/h. Mit dem Flugzeug erreichte er eine Geschwindigkeit von 1.125 km/h.

ANTWORT 144

Richtige Antwort: C

Schätzungen zufolge besitzt ein durchschnittlicher Europäer heutzutage 10.000 Dinge: Socken, Spielzeugautos, Bücher, Zahnbürsten, Smartphones, Kugelschreiber, die Fotos der Großeltern und was man sonst noch alles zum Leben braucht – oder auch nicht braucht. Vor hundert Jahren lebte man schließlich auch, aber da besaß man nur etwa 100 oder 200 Dinge. Wie viele Dinge besitzt du? Schreibe doch mal alles auf, was dir gehört, und überlege dir, was davon du wirklich benötigst und was du eigentlich auch verschenken oder verkaufen könntest.

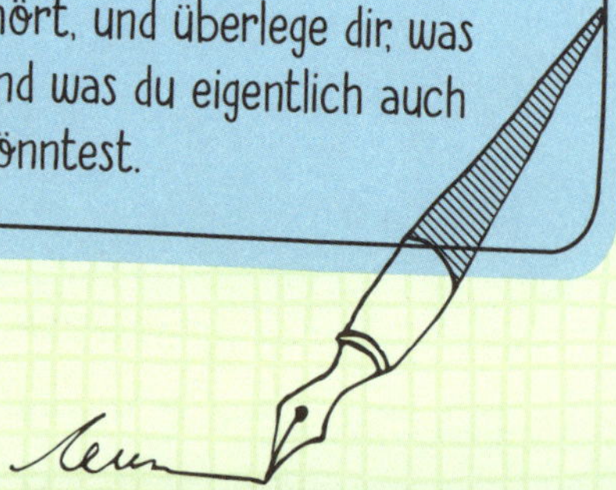

FRAGE 145

AUF DEN GESCHMACK GEKOMMEN: WO HABEN MANCHE SCHMETTERLINGE IHREN GESCHMACKSSINN?

A Auf den Flügeln

B In den Augen

C Im Mund

D Auf den Füßen

FRAGE 146

WELCHER WELTREKORD DAUERTE 5 STUNDEN UND 9 MINUTEN?

A Die meisten Körbe im Basketball treffen

B Mit den Kopfhaaren einen Omnibus ziehen

C Im Sitzen seilspringen

D Rückwärts Rad fahren und dabei Geige spielen

ANTWORT 145

Richtige Antwort: D

Einige, aber nicht alle Schmetterlinge, schmecken mit den Füßen, den sogenannten Tarsen. Auf den Füßen können sich Sinnesorgane zum Schmecken befinden. Für die Aufnahme von Reizen aus der Umwelt sind für den Schmetterling aber die Fühler noch wichtiger: Mit den Fühlern können die Schmetterlinge riechen, manchmal aber ebenfalls schmecken, tasten oder sogar die Temperatur fühlen. Ein Schmetterling entsteht durch eine Verwandlung aus einer Raupe.

ANTWORT 146

Richtige Antwort: D

Ein ziemlich verrückter Rekord: Der damals 17-jährige Christian Patzig (heute heißt er Christian Adam) fuhr 5 Stunden und 9 Minuten lang rückwärts auf einem Fahrrad und spielte dabei Geige. Dabei legte er eine Strecke von 60,45 Kilometern zurück. Ohne Geige hat er sogar mal eine Strecke von 113 Kilometern rückwärts auf dem Fahrrad zurückgelegt. Bitte auf gar keinen Fall nachmachen, denn die Sturzgefahr beim Rückwärtsfahren ist sehr hoch!

FRAGE 147

WIE HEISST EINE PROGRAMMIERSPRACHE, DIE SPEZIELL FÜR KINDER ENTWICKELT WURDE?

A Scratch
B Python
C Java
D Delphi

FRAGE 148

EIN WIND GEHT UM DIE WELT: WER IST EIN BEKANNTER KUNSTPUPSER?

A Freiherr von Furz
B Mr. Methane
C Señor Odor
D Pierre Péter

ANTWORT 147

Richtige Antwort: A

Die Programmiersprache Scratch wurde 2007 unter der Leitung von Professor Mitchel Resnick an einer amerikanischen Universität entwickelt und veröffentlicht. Scratch ermöglicht es Kindern, auf spielerische Weise das Programmieren zu erlernen. Statt eine komplizierte Programmiersprache zu verwenden, werden die Programme mit grafischen Blöcken wie ein Puzzle zusammengesetzt. Mit Scratch lassen sich Spiele, aber auch verschiedene andere Programme zaubern.

ANTWORT 148

Richtige Antwort: B

Mr. Methane ist ein britischer Kunstpupser – ein Flatulist. Er kann zum Beispiel Melodien pupsen und mit Pupsen Naturgeräusche nachahmen (etwa ein Gewitter). Sein Talent als Kunstpupser entdeckte Mr. Methane im Alter von 15 Jahren, als er gerade Yoga übte. Seither hat er seine Kunst schon auf mehreren Kontinenten vorgeführt. Er nahm sogar Alben auf, auf denen er unter anderem klassische Melodien pupste. Woher er wohl die vielen Pupse nimmt? Nun, das ist doch pupsegal!

FRAGE 149

WIE VIEL ZEIT SEINES LEBENS VERBRINGT EIN MENSCH UNGEFÄHR AUF DER TOILETTE?

A Zwei Wochen

B Einen Monat

C Ein halbes Jahr

D Fünf Jahre

!?

FRAGE 150

GEIZIGER ALS DAGOBERT DUCK? WELCHER MILLIARDÄR LIESS IN SEINEM LANDSITZ EIN MÜNZTELEFON FÜR GÄSTE EINBAUEN?

A Bill Gates

B Jean Paul Getty

C Steve Jobs

D Jeff Bezos

RING!

RING!

ANTWORT 149

Richtige Antwort: C

Wir verbringen in unserem Leben ein halbes Jahr auf der Toilette. Männer und Jungs verweilen dort im Durchschnitt länger als Frauen und Mädchen. Der Stuhlgang, den wir im Laufe unseres Lebens produzieren, bringt ungefähr 5 Tonnen auf die Waage – knapp 200 Gramm pro Tag. Dass es Toiletten gibt, ist übrigens ein wahrer Segen. In früheren Zeiten wurde der Stuhlgang einfach in den Gassen ausgeleert und man musste dann mit hohen Stiefeln hindurchwaten. Deshalb begeht man jeden Tag am 19. November den Welttoilettentag.

ANTWORT 150

Richtige Antwort: B

Der Amerikaner Jean Paul Getty lebte von 1892 bis 1976. Er war im Ölgeschäft tätig wurde damit schwerreich. Zu seinen Lebzeiten galt der Milliardär als reichster Mensch der Welt. Doch er scheint trotz seines Reichtums sparsam oder sogar geizig geblieben zu sein: In seinem englischen Landsitz Sutton Place ließ er ein Münztelefon für seine Gäste einbauen. Er begründete das damit, dass der Landsitz gar nicht ihm gehöre, sondern seiner Firma, und dass er mit diesem Vorgehen nur die Interessen seiner Aktionäre vertrete.

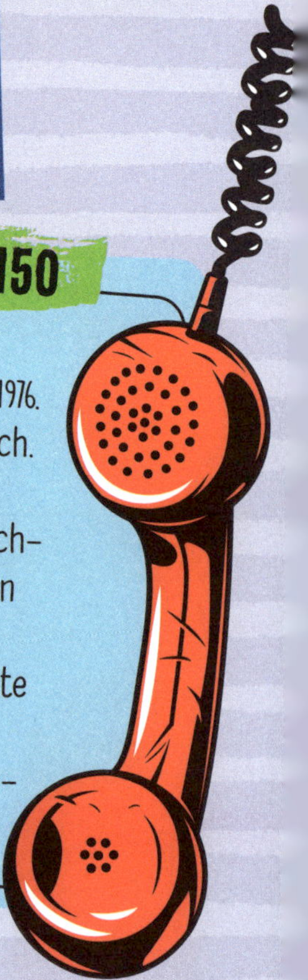

EIN ZUSATZ-RÄTSEL ZUM SCHLUSS

Zum Schluss haben wir für dich noch ein Rätsel, mit dem du dir zehn Sonderpunkte verdienen kannst. Suche im Buch nach zehn Bildsymbolen, die im folgenden Bilder-Alphabet vorkommen. Aus den zehn Buchstaben, die den gefundenen Bildern entsprechen, knobelst du dann das Lösungswort zusammen. Ein kleiner Tipp zum Lösungswort: Du findest es in diesem Buch!

Das ist das Bilder-Alphabet:

Trage hier die Lösung ein:

Lösung: Quizfragen

Errechne deinen QUIZHELDEN-LEVEL!

FÜR JEDE RICHTIGE ANTWORT GIBT ES EINEN PUNKT, FÜR DAS ZUSATZRÄTSEL 10 SONDERPUNKTE. ZÄHLE ALLE PUNKTE ZUSAMMEN UND ERRECHNE DEINE GESAMTPUNKTZAHL.

QUIZHELDEN-LEVEL 1: 0–50 PUNKTE

Nicht schlecht für den Anfang. Doch bis zum „Quizmaster of the Universe" hast du noch einen weiten Weg vor dir. Aber verzweifle nicht, junger Knobelfreund. Bis jetzt ist noch kein Rate-Meister vom Himmel gefallen. Man kann ja nicht von 0 auf 100 zum Alleswisser mutieren.

QUIZHELDEN-LEVEL 2: 51–100 PUNKTE

Ein solides Ergebnis! Du weißt bereits eine ganze Menge und bist auf einem guten Weg zu einem echten Quizhelden. Bleibe neugierig und erweitere dein Wissen jeden Tag! Dann wirst du vielleicht eines Tages in den Quiz-Olymp aufgenommen werden.

QUIZHELDEN-LEVEL 3: 101-150 PUNKTE

Sehr gut gemacht, da gibt es gar nichts zu meckern. Für dich sind es nur noch ein paar Schritte auf dem Weg zum Quizhelden. Bleib weiter so bärenstark, dann werden dir die anderen Jungs bald schon als Quiz-King huldigen.

QUIZHELDEN-LEVEL 4: 151-160 PUNKTE

Eine super Leistung, du bist ein echter Quiz-Superheld! Mein lieber Scholli, das macht dir so schnell niemand nach. Wenn du so weitermachst, bekommst du eines Tages noch den Röntgenblick, Megamuckis und kannst wie Spiderman die Wände hochkraxeln.

DEINE PUNKTE:

BILDNACHWEIS

stock.adobe.com: S. 1/4 © JMC (gestrichelter Pfeil), © bonezboyz (Planet), © artbalitskiy (Reagenzglas, Mikroskop, Magnet, Gehirn, Fragezeichen), © softulka (roter Klecks), © Vector Tradition (bunte Wischer), © Good Studio (Junge), S. 2 © Larysa (Lama), yana2607 (Flamingo), © Javier brosch (Hund), © paper_owl (Waschbär), S. 3 © kay__mosk (Lupe, Stift), © Nata789 (Rakete, Skateboard, Kaappe), S. 5/6 © feirin (Wildwestmotive), © ChrWeiss (Frosch), S. 7 © Satoshi Miyazaki (Jedi-Hund), © Memoangeles (Steinzeitmensch), S. 8 © nanmulti (Schatten Yoda), © Aurielaki (Würfel), © mas0380 (Laserschwert), S. 9 © Andreyl005 (Hai), © Nata789 (Ghettoblaster, Kappe), S. 10 © hurricanehank (Hiphop-Sänger), © Kudryashka (Dino), S. 11 ©123levit (Social Media Symbole), S. 12 © bloomicon (Handy), S. 13 © moonkin (Icons Essen), S. 13 © Djessi85 (Maus), S. 14 © topten22photo (Elefantenpolo), S. 14 © PLRANG ArturFurmanek (Piratenschiff), S. 15 © fizzgig (blauer Vogel), S. 15 © pandavector (Nessie), S. 15 © kay__mosk (Dekoelemente Schule), S. 16 © petrle (Glocken), S. 16 © emmajayl (Loch Ness), S. 17 © Agent (nueng), S. 18 © byrdyak (Wildschwein), S. 18 © kay__mosk (Icons Schule), S. 19 © stockphoto-graf (Friddays for Future), S. 19 © azzzya (Dekoelemente Umweltmotive), S. 19 © newrossosh (Golfer), S. 20 © PennaPazza (Astronaut), S. 21 © adogslifephoto (Hund), S. 21 © feirin (indianer), S. 22 © DirkR (Blick auf Berg), S. 22 © Volker Gerstenberg (Irokesenschnitt), S. 23 © Proxima Studio (Konsole), S. 23 ©123levit (Social Media Symbole), S. 24 © PrettyVectors (Computerspieler), S. 24 © ASDF (Leute Daumen hoch), S. 25 © oatawa (Person mit Fragezeichen), S. 25 © rudut2015 Dekoelemente Piratenmotive, S. 26 © Sergey Nivens (Wirbelsturm), S. 26 © Javier brosch (Hund mit Möhre), S. 27 © master1305 (Ritter mit Flamingo), S. 27 © New Africa (Käse), S. 27 © MarinaMays (Raupe), S. 27 © yana2607 (Flamingo), S. 28 © ballylocci (Milbenkäse), S. 28 © Nejron Photo (Ritter), S. 29 © ink drop (VR), S. 29 © Aneese (Achterbahn), S. 30 © Daren Woodward (VR), S. 30 © paper__owl (Waschbär), S. 31 © Larysa (Lama), S. 31 © Kudryashka (Dino), S. 31 © Maria Skrigan (Seestern), S. 31 © Marko (Hai), S. 32 © antonbrand (Oger), S. 32 © Tigerhai (Fiona), S. 33 © portokalis (Läufer), S. 33 © pavlematic39 (Schiff), S. 34 © Nata789 (Turnschuh), S. 35 © jokatoons (Indianer), S. 35 © feirin (Wildwestmotive), S. 36 © SeanPavonePhoto (Verbotene Stadt), S. 36 © feirin (Wildwestmotive), S. 37 © Javier brosch (Hund mit Brille), S. 37 © metelsky25 (Zirkuszelt), S. 38 © R+R (Feuerschlucker), S. 39 © albert schleich (Pferd), S. 39 © fotomek (Ampel), S. 40 © AxiVector (Auto, Turm), S. 40 © feirin (Wildwestmotive), S. 41 © feirin (Wildwestmotive), S. 41 © Kudryashka (Dino), S. 41 © Maria Skrigan (Seestern), S. 42 © orensila (Sternenbild), S. 42 © Sternstunden (Zug/ Viadukt), S. 43 © Kudryashka (Dino), S. 43 © zetwe (Mann im Topf), S. 44 © Michael Rosskothen (Blauwal), S. 44 © HitToon.com (Steinzeitfrau) , S. 45 © romaset (BMX-Fahrer), S. 45 © Rawpixel.com (Hund mit Krone), S. 46 © aterrom (Schloss Versailles), S. 46 © kay__mosk (Icons Schule), S. 47 © rudut2015 (Piratenmotive), S. 47 © imogi (Comic-Elemente), S. 47 © moonkin (Dekoelemente Essen), S. 48 © Sam (Pirat), S. 48 © Alexandra (Tier mit Schild), S. 48 © rudut2015 (Piratenmotive), S. 49 © imogi (Comic-Elemente), S. 49 © Kudryashka (Dino), S. 50 ©123levit (Social Media Symbole), S. 50 © Isaac Fernando (Pikachu), S. 51 © rudut2015 (Piratenmotive, Krebs), S. 51 © helen__f (Ufo und andere motive), S. 52 © Andrea Danti (Periskop), S. 52 © paper__owl (Waschbär), S. 53 © Dejan Jovanovic (Smiley), S. 54 © dneprstock (Pilze), S. 55 © kadenkel (Sumoringer), S. 56 © nanmulti (Schatten Sumoringer), S. 56 © Paolo Gallo (Cäsar-Statue), S. 57 © Dejan Jovanovic (Smiley), S. 57 © Larysa (Lama), S. 58 © satori (Himalaya), S. 58 © SlipFloat (Yeti), S. 58 © rudut2015 (Piratenmotive), S. 60 © stevecuk (Monolpoly), S. 60 © Fontanis (Linkshänder), S. 61 © imogi (Rakete), S. 62 © rosinka79 (Simpsons), S. 62 © TravellingLens (Briefmarke Gargarin), S. 63 © Tupungato (Freiheitsstatue), S. 64 © Victor Moussa (Freiheitsstatue), S. 65 © Инна Архипова (Kompass), S. 66 © pakpong pongatichat (Fledermaus), S. 67 © Javier brosch (schlafender Hund), S. 67 © Alexandra (Tier mit Schild), S. 68 © Dejan Jovanovic (Smiley), S. 68 © azzzya (Dekoelemente Umweltmotive), S. 69 © hpunkt__de (Spanienflagge), S. 70 © moonkin (Dekoelemente Essen), S. 70 © brovkoserhii (Videospiel), S. 71 © robert (Sonne), S. 72 © Goodpics (Wikipedia), S. 73 © betka82 (Hobbit), S. 73 © Javier brosch (Hund mit langen Haaren), S. 74 © betka82 (Hobbit), S. 74 © nanmulti (Schatten), S. 75 © Igor Zakowski (Roboter), S. 75 © Maria Skrigan (Krokodil), S. 76 © Luna (Krokodil), S. 76 © elmar gubisch (Robocup), S. 77 © Robert Kneschke (Indianervogel), S. 77 © Kudryashka (Dino), S. 78 © Kushnirov Avraham (Blackfeet-Indianer), S. 78 © martin951 (Vesuv), S. 79 © Tracy King (Mann bohrt im Ohr), S. 79 © Javier brosch (Hund mit Fernglas), S. 80 © Rastislav Sedlak SK (Burj Khalifa), S. 80 © Alexandra (Tier mit Schild), S. 81 © Good Studio (Ratloser Mann), S. 81 © sakkmesterke (Gamerkid), S. 82 © bettiluna (Pixelspiel), S. 83 © sararoom (Mumie), S. 85 © Julien Tromeur (Bakterien), S. 85 © Kudryashka (Dino), S. 86 © Kudryashka (Dino), S. 87 © freehand (Thomas Edison), S. 87 © Alina (Wissenschaftler), S. 88 © JackF (Stadion), S. 89 © rudut2015 (Dekoelemente Piratenmotive), S. 89 © Jamesbox (Schwalbennestersuppe), S. 91 © Igor Zakowski (Roboter), S. 92 © Bloody Orange (Eisberg), S. 93 © Alternative (Super Mario), S. 93 © Volodymyr (Fingernägel), S. 94 © paper__owl (Waschbär), S. 94 © Maria Skrigan (Ente), S. 95 © MarinaMays (Insekten), S. 95 © Elegant Solution (Würstchen), S. 96 © moonkin (Dekoelemente Essen), S. 96 © MarinaMays (Insekten), S. 97 © Dejan Jovanovic (Smiley), S. 98 © AxiVector (Englandflagge), S. 98 © GB__Art (Wikinger), S. 99 © Kudryashka (Dino), S. 100 © Nlshop (Zorro), S. 100 © Windofchange64 (Baikalsee), S. 101 © jjfarq (Computerspieler), S. 102 © Anton (Computerspielerin), S. 102 © Igor Zakowski (Roboter), S. 102 © Boggy (Apfel), S. 103 © wenchiawang (Windel), S. 103 © ingusha88 (Galier), S. 103 © Kudryashka (Dino), S. 104 © helen__f (Weltraummotive), S. 104 © Fotoschlick (Hinkelstein), S. 105 © brgfx (grünes Monster), S. 105 © Good Studio (Held), S. 106 © shockfactor.de (Popeln), S. 107 © Qualit Design (Baumstamm), S. 108 © Steve Young (Schotte), S. 109 © rudut2015 (Piratenmotive, Krebs), S. 109 © helen__f (Ufo und andere Weltraummotive), S. 109 © azzzya (Dekoelemente Umweltmotive), S. 110 © Juulijs (Magellan), S. 110 © brgfx (grünes Monster), S. 111 © NinjaStudio (Tiere), S. 111 © Dejan Jovanovic (Smiley), S. 111 © Kudryashka (Dino), S. 112 © yeshaya (Delfin), S. 113 © Nata789 (Skateboard, Helm), S. 113 © feirin (Wildwestmotive), S. 114 © Nata789 (Skateboard), S. 114 © bennerdesign (Indianer), S. 115 © adimas (Pinguine), S. 116 © feirin (Wildwestmotive), S. 117 © Larysa (Lama), S. 117 © Dejan Jovanovic (Smiley), S. 118 © Sisse (Lake Hillier), S. 119 © Argus (High Roller-Schild), S. 119 © adogslifephoto (Safari), S. 120 © trekandphoto (Riesenrad), S. 121 © stuporter (Gepard), S. 122 © Dejan Jovanovic (Smiley), S. 122 © Andrey Burmakin (Karate), S. 122 © Ico Maker (Messenger), S. 123 © brgfx (Schlange), S. 123 © sararoom (Mumie), S. 124 © brgfx (Schlange), S. 125 © www.freund-foto.de (Katze), S. 125 © azzzya (Dekoelemente Umweltmotive), S. 125 © helen__f (Ufo und andere Weltraummotive), S. 126 © helen__f (Ufo und andere Weltraummotive), S. 126 © Eric Isselée)Maus), S. 126 © POOL New / REUTERS (Raumfahrer), S. 127 © kasto (Elefanten), S. 129 © Jason O'Brien / REUTERS (Ronaldo), S. 129 © maxim sivyi (Pong), S. 130 © vectorfusionart (Fußballer), S. 131 © Jogimie Gan (Cowboy), S. 131 © omdim (Berg Athos), S. 131 © Vectorvstocker (Faultier), S. 132 © omdim (Berg Athos), S. 132 © feirin (Wildwestmotive), S. 133 © paper__owl (Waschbär), S. 134 © sisti (Teufel), S. 135 © Goodpics (Frau mit Pad), S. 135 © nanmulti (Schatten), S. 136 © ADELART (Diamant und Ring), S. 136 © fogbird (Marco Polo), S. 137 © moonkin (Dekoelemente Essen), S. 138 © moofushi (Doha), S. 138 © pakpong pongatichat (Kürbis), S. 139 © © Nlshop (Indianer), S. 139 © KennyK.com (Frau am Piano), S. 140 © IIX (Frau mit Mikro), S. 140 © Thodoris Tibilis (Indianer), S. 141 © lazyllama (Olympiaringe), S. 141 © brgfx (grünes Monster), S. 142 © master1305 (Schwimmer), S. 143 © topvectors (Kampfsport), S. 143 © rosinka79 (Vogel und Schwein) , S. 145 © pichest (Rind), S. 145 © pandavector (Winkingerhelm), S. 146 © Alexandra (Tier mit Schild), S. 147 © DiVNA (Giraffe), S. 147 © Zarya Maxim (Sofa mit Gerümpel), S. 147 © Tarik GOK (EU-Fahne), S. 148 © tanya (Papierrolle), S. 148 © jokatoons (Flugzeug mit Pilot), S. 149 © MarinaMays (Schmetterling), S. 149 © pro motion pic (Jubelnder), S. 151 © Zoran Milic (Schwein), S. 152 © AlesiaKan (Junge am Computer), S. 152 © Dejan Jovanovic (Smiley), S. 153 © Patryk Kosmider (Hund), S. 153 © AxiVector (Telefonzelle), S. 153 © imogi (Telefon), S. 154 © imogi (Telefon und Portemonai), S. 154 © bigmen (Toilette), S. 155 © treter (Symbole-Lexikon), S. 156 © Good Studio (Heldenjunge), S. 159 © Good Studio (Heldenjunge), Hintergründe: © timoshenkoanna (Staub-Hintergrund), © irenemuse (Pinsellinien-Hintergrund), © magnia (Zickzackmuster-Hintergrund), © Magdalena Kucova (Sternchenhintergrund), © magnia (Karomuster-Hintergrund), © Magdalena (Wellenmuster-Hintergrund), Dekoelemente: © schakty, © kay__mosk (Icons Schule), © veekicl (Doodle-Elemente), © imogi (Comic-Elemente), © tanya (Harry-Potter-Motive), © PremiumGraphicDesign (Klekse), © artbalitskiy (Wissenschafts-Elemente), © Wondervendy (Symbole Wirtschaft), © moonkin (Icons Essen), © softulka (Trendmotive Einhorn, Herzchen, Krönchen etc.), © blankstock (Sprechblasen), © ollymolly (Sportsymbole), © ADELART (Liebes- und Romantiksymbole.)

Herzlichen Glückwunsch, du bist ein Quiz-Superheld! Schneide die Urkunde aus, hänge sie auf und feiere deinen Triumph!

URKUNDE

hat **150** spannende, verrückte und witzige Quizfragen gelöst und wird hiermit zum Quiz-Superhelden ernannt.